초보자도 쉽게 할 수 있는 민사소송 항소 절차 실무지침서

민사소송 항소 방법

원판결 취소·변경

편저 : 대한법률콘텐츠연구회

(콘텐츠 제공)

해설 · 최신서식

법문북스

머 리 말

누구든지 분쟁을 해결하기 위해 소송을 제기하였으나 노력을 다했지만 만족하지 못한 결과로 패소할 경우에는 한 사람은 억울한 사람이 생길 수 있습니다.

그렇다고 해서 사실관계가 매끄럽지 못한 것도 아님에도 불구하고 판결의 결과가 마음에 들지 않고 억울한 부분이 있으면 판결이 끝난 상태에서는 직근 상급법원에 항소를 제기하여 다시 판단을 받아야 합니다.

법적으로 책임을 져야 하는 상대방에게 법적으로 책임을 질 자력이 있다면 아무런 걱정을 하지 않아도 되겠지만 문제는 법적으로 책임을 질 상대방에게 자력이 없거나 소송에서 패소하였다거나 소송에서 일부만 인용되고 나머지는 패소되었다면 복잡한 소송을 또 해야 하는 것이 싫어 항소를 아예 포기하는 분들이 굉장히 많은 편입니다.

제1심 판결이 오판한 것이 있거나 사실관계를 제대로 따져보지도 않고 잘못 판단한 부분이나 억울한 점을 추려서 항소이유서를 적시해 내시면 항소심법원에서 제1심법원이 잘못 판단한 부분을 다시 검토하여 얼마든지 억울한 판단을 바로 잡을 수 있는 기회가 있습니다.

우리나라는 3심제로 1심과 2심은 사실심이고 3심인 대법원은 법률심이라고 합니다. 제1심에서 제대로 대응하지 못하고 억울한 판단을 받은 것이 있다면 2심인 항소심에서 제1심법원에서 판단하지 못한 소송자료가 있다면 얼마든지 증거자료로 제출하고 제1심에서 하지 못한 증거조사나 심판을 다시 받을 수 있습니다.

사회경기가 어려운 탓도 있겠지만 청구금액이 많지 않고 사안이 복잡하지 않고 판단이 어렵지 않은 사건은 원만하면 직접 소송을 수행하는 분들이 대단히 많아졌습니다. 항소심의 재판도 1심법원의 재판이나 똑 같습니다.

1심법원에서 다 하지 못한 사실관계의 진술은 1심법원과는 달리 사실관계를 보다 더 자세하게 항소심에 제시하고 상대방의 주장이 어떤 부분 무엇이 사실관계와 차이가 있는 부분에 관해서는 증거방법에 의하여 항소심에서의 주장이 제대로 뒷받침되어야 항소심에서 제1심판결의 취소나 변경이 될 수 있습니다.

항소이유에서는 기본적으로는 쟁점 위주로 논리적인 순서에 따라 큰 목차를 잡아 정리해 작성하시면 항소심의 재판장 이하 두 분 판사가 이해하기 쉽게 작성하는 것이 효과적일 때가 상당히 많습니다.

또한 한 가지 쟁점 내에서는

(1)쟁점정리

(2)상대방의 주장 요지

(3)상대방의 주장에 대한 반박

(4)소결의 순서로 논리를 구성하는 것도 하나의 좋은 방법이고 바람직합니다.

항소인에게 아무리 유리하고 상대방의 주장이 잘못된 것이라 하더라도 판단은 항소심의 재판장 이하 두 분 판사의 몫이기 때문에 항소장이나 항소이유를 통하여 감정적이거나 상대방을 자극하는 거친 표현은 일체 자제하여야 항소심에서 더 좋은 결과를 기대할 수 있습니다.

어느 날 뜻하지 않은 문제로 소송을 제기하거나 상대방이 되어 그 소송에서 패소하거나 일부 승소판결을 받았다면 일상을 살아가는 생활인에게는 평생에 한번 있을까 말까 한 일이기 때문에 난감할 수 있고 억울한 심정으로 잠을 제대로 자지 못하는 분들이 많을 수밖에 없습니다.

법에 문외한인 일반인에게는 어떻게 대처해야 할지 어떤 것부터 하는 것인지 몰라서 당황하지만 그렇다고 해서 물어볼 수도 없는 일이고 항소하여 결과를 바로 잡아야 할 겨를도 없는 입장에서 시간만 허비하게 됩니다.

막상 패소한 당사자의 입장에서는 상대방의 주장에 대하여 대응해야겠다고 마음을 먹고 항소를 하려고 해도 어떤 식으로 항소하고 또 어떤 식으로 주장해야 하고 어떤 식으로 항소이유서를 작성해야 할지 몰라 망설여지는 것이 현실입니다.

본 도서에는 만족하지 못한 판결에 대응하여 제1심판결의 부당함을 파헤치는 항소이유를 어떤 형태로 써야하는지 주로 그 기재방식을 다루어 얼마든지 초보자도 스스로 항소장을 작성하고 제출하여 항소심 법원의 재판장 이하 두 분 판사를 설득시키고 사실관계를 솔직하게 진술하고 상대방의 주장이 차이가 나는 부분을 세밀하게 공격하고 방어하는데 도움을 드리고자 실무에 적합하게 다루었습니다.

본서를 접한 모든 분들은 항소심에서 제1심판결의 취소나 변경으로 소송 전부를 한번에 해결하시고 늘 웃으시면서 늘 건강하시기 바랍니다.

대단히 감사합니다.

편저자

차 례

제1장 민사소송 항소

제2장 민사소송 항소장 및 항소이유서 최신서식

제1장
민사소송 항소

제1절 항소의 이의와 구조

항소는 제1심판결의 취소 또는 변경을 구하는 상소하고 합니다. 취소 또는 변경을 구하는 항소이유는 제1심판결의 법령위반을 이유로 한다거나 사실오인을 이유로 하거나 어느 것이나 상관이 없습니다.

따라서 항소심은 제2의 사실 심으로 제1심(원심)에 대하여 속심으로서의 성격을 갖고 있습니다. 항소심은 상고심과는 달리 새로운 자료와 주장을 제출할 수 있습니다. 항소심법원은 제1심(원심)의 소송자료와 항소심의 그것을 토대로 하여 상소된 당부를 판단합니다.

항소심에서 청구의 확장(청구취지의 확장)이 있거나 교환적으로 새로운 주장이 제기되어 제1심판결의 당부가 처음부터 문제될 수 있는 경우에도 항소심은 제1심판결의 취소 또는 변경이나 유지(항소기각)의 형식으로 청구에 대한 당부를 판단합니다.

항소권자는 불이익한 판결을 받은 제1심의 당사자(원고 또는 피고)및 제1심 변론종결 후에 이를 수계한 자와 보조참가인 또는 항소심에서 독립당사자참가를 신청하는 제3자입니다.

지방법원의 제1심판결 있는 사건의 심의를 직근 상급법원에 구하는 신청을 항소라고 하므로 단독사건의 제1심판결에 대하여는 항소부에 지방법원합의부의 제1심판결에 대하여는 고등법원에 항소를 제기하여야 합니다.

그러므로 단독사건의 재판에 대하여는 고등법원에 항소를 제기하지 못하는 것이며 지방법원 합의부의 재판에 대하여 대법원에 항소하지 못합니다.

항소장은 제1심법원을 경유하여 항소법원에 항소를 제기하여야 하므로 제1심법원에 항소장을 접수하여야 합니다.

제2절 항소제기 절차

항소는 제1심판결이 송달된 날로부터 2주일(14일) 내에 제1심(원심)법원에 항소장을 제출하여야 합니다. 위 2주일(14일)의 항소기간은 불변기간입니다. 당사자가 그 책임을 질 수 없는 사유로 항소기간을 준수할 수 없었을 경우에 한하여 추후보완항소(추완항소라고 합니다)를 제기할 수 있습니다.

1. 항소 기간

위 2주일(14일)의 기간은 제1심판결이 송달된 다음날부터 기산하여 기간의 말일의 종료로써 만료됩니다. 따라서 기간의 말일이 토요일 또는 공휴일에 해당하는 경우 그 다음날의 종료로써 만료됩니다. 그리고 기간의 말일이 추석과 같은 연휴의 초일이나 중간에 해당하는 때에는 그 연휴기간의 종료 다음날의 종료로써 만료됩니다.

2. 우편 및 야간접수

항소는 항소기간을 준수하여야 합니다.

우편으로 항소장을 접수하는 경우에는 항소장이 항소기간 전에 제1심법원에 도착하여야 하기 때문에 토요일 또는 공휴일은 우체국 집배원이 우편물을 배달하지 않는다는 것을 감안하여 항소장을 최소한 항소기간 3일 내지 5일 전에는 항소장을 제1심법원으로 발송하는 것이 좋습니다.

항소기간의 말일이 법원의 근무시간 이후의 경우는 당일 12시전까지만 제1심법원의 야간당직실로 가서서 항소장을 제출하시면 됩니다. 반드시 항소기간을 놓치는 일이 없도록 주의하셔야 합니다.

3. 항소장 잘못 제출한 경우

항소장은 반드시 제1심법원에 접수하여야 합니다.

항소인이 잘못 알고 우편으로 항소장을 항소법원으로 발송하여 항소장이 항소법원에 접수되었다 하더라도 항소장이 제1심법원으로 다시 송부된 경우에는 항소장이 항소심법원의 접수 시가 아니라 항소장이 제1심법원 도착 시를 기준으로 하여 항소기간의 준수여부를 가리게 되므로 각별히 주의해야 합니다.

4. 항소장 작성

항소장의 첫째 쪽은 제1심법원의 항소장접수와 법원에서의 내부적으로 결재 등을 위하여 상당한 공간이 필요하므로 아래와 같이 표지를 작성하는 것이 더 좋습니다.

   1. 항소장

   2. 사건번호 사건명

   3. 항소인

   4. 피항소인

   5. ①소송물 가액 ①첨부할 인지액 ③첨부한 인지액 ④납부한 송달료 ⑤비고

   6. 항소법원의 표시

다음 둘째 쪽은 아래와 같이 기재하시면 됩니다.

   1. 항소장

   2. 항소인 성명, 주소, 주민등록번호, 전화번호

   3. 피항소인 성명, 주소, 주민등록번호, 전화번호

   4. 위 당사자 간의 청주지방법원 영동지원 ○○○○가단○○○○호 대여금 청구사건에 대하여 ○○○○○. ○○. ○○.동원에서 선고한 제1심판결에 관하여 항소인은 전부 불복이므로 이에 항소를 제기합니다.

5. 원심판결의 표시

　　① 원고의 청구를 모두 기각한다.

　　② 소송비용은 원고의 부담으로 한다.(위 판결의 정본을 ○○○○. ○○. ○○.
　　　그 송달을 받았습니다)

6. 항소취지

　　① 가. 주의적 청구취지
　　　　나. 예비적 청구취지

　　② 소송비용은 1. 2.심 모두 피고의 부담으로 한다.

　　라는 판결을 구합니다.

7.항소이유

　　① 추후 제출하겠습니다.

8.소명자료 및 첨부서류

　　① 항소장 부본

　　② 납부서(인지대 및 송달료)

9.제출하는 날자

10.위 항소인 ○○○ (인)

11.항소법원의 표시

5. 항소장 기재사항

항소장에는 (1)당사자 (2)제1심판결의 표시 (3)제1심판결에 대하여 불복하고 항소를 제기한다는 취지 말하자면 항소취지를 기재하여야 하고 인지대와 송달료를 납부하고 그 납부서를 첨부하여야 합니다. 항소장에는 재판의 변경을 구하는 의사가 표시되면 됩니다.

따라서 항소장에는 반드시 불복의 내용과 범위를 기재할 필요는 없는 것이지만 항소인은 항소심 변론종결 시까지 불복신청의 한도 또는 범위를 명확히 하여야 하므로 실무에서는 항소장에 불복의 범위(항소취지)를 기재하는 것이 보통입니다.

한편 항소장에는 반드시 구체적인 항소이유를 기재하여야 하는 것은 아니지만 항소이유를 기재할 준비가 되셨으면 (1)제1심판결 중 사실을 잘못 인정한 부분 또는 법리를 잘못 적용한 부분을 기재하고 (2)항소심에서 새롭게 주장할 사항을 기재하고 (3)항소심에서 새롭게 신청할 증거에 대한 입증취지를 기재하고 (4)위의 (2)와 (3)의 주장과 증거를 제1심에서 제출하지 못한 그 이유를 기재하여야 하고, 항소장에 항소인이 항소이유를 기재하지 아니하였으면 항소이유를 기재한 준비서면을 작성하여 항소법원에 제출하시면 됩니다.

6. 인지대 계산 방법

항소장에는 제1심판결의 불복의 범위를 기준으로 하여 소송목적의 값(소가)을 정하고 이에 따른 인지액을 아래와 같이 산출하고 그 해당액의 인지를 붙이거나 현금으로 납부하고 그 납부서를 항소장에 첨부하시면 됩니다.

소송목적의 값이 1,000만 원 미만,
소가×0.005×1.5=인지,

소송목적의 값이 1,000만 원 이상
1억 원 미만,
소가×0.0045+5,000×1.5=인지,

소송목적의 값이 1억 원 이상
10억 원 미만,
소가×0.0040+55,000×1.5=인지,

소송목적의 값이 10억 원 이상
청구금액 제한없음,
소가×0.0035+555,000×1.5=인지,

첨부 하여야 할 인지액이 1천 원 미만의 경우 1천 원을 붙이고 1천 원 이상일 경우는 1백 원 미만의 단수는 계산하지 않고 1만 원 이상일 때는 현금으로 납부하고 그 납부서를 항소장에 첨부하시면 됩니다.

7. 송달요금 예납 기준

송달요금 1회분은 2021. 09. 01.부터 금 5,200원으로 인상된 송달요금입니다. 항소장에는 송달요금을 제1심판결의 불복하는 범위(소가)와 상관없이 항소인 1인, 피항소인 1인을 기준으로 하여 각 12회분씩 총 24회분 금 124,800원의 송달요금을 예납하고 그 납부서를 위 인지대 납부서와 함께 항소장에 첨부하시면 더 이상 들어가는 비용은 없습니다.

제3절 항소불가분의 원칙

  항소가 제기되면 제1심에서 판단된 사항의 전부에 대하여 확정차단과 이심의 효력이 생깁니다. 이를 항소불가분의 원칙이라고 합니다. 그러나 항소를 제기하더라도 제1심에서 원고의 승소부분에 붙인 가집행선고로 인한 집행력에는 아무런 영향이 없습니다. 그러므로 이 경우 가집행선고 있는 판결에 대하여 강제집행정지신청을 하여 항소심 판결 선고 시까지 그 집행을 일시정지시켜야 합니다.

제4절 항소심의 심판범위

민사소송에 있어서는 원칙적으로 당사자가 신청하지 아니한 사항에 관하여는 판단할 수 없습니다. 다만 항소심에는 항소 또는 부대항소의 신청을 할 수 있는 관계로 제1심판결의 당부를 판단할 수 있도록 하였습니다. 그러나 항소심은 당사자가 신청한 불복의 한도를 넘어서 제1심판결을 불이익으로 변경하거나 이익으로 변경할 수는 없습니다. 이를 불이익변경금지의 원칙이라고 합니다. 불이익변경금지의 원칙은 변론주의나 처분권주의에 근거를 두고 있으므로 직권사항에는 불이익변경금지의 적용이 없습니다. 또한 상계에 관한 주장을 시인한 때에는 불이익변경금지원칙에 대한 예외가 됩니다.

제5절 항소의 요건

항소를 제기함에는 적법요건을 구비하여야 합니다.

그 요건으로는 첫째, 불복신청을 할 수 있는 재판이어야 하고 둘째, 불항소의 합의가 없어야 하며 셋째, 불복신청방법에 적합하여야 하고 넷째, 항소권을 포기하고 있지 않아애 하며 다섯째, 항소기간 내에 항소를 제기하여야 하고 여섯째, 항소권의 적격자이어야 하고 일곱째, 항소장의 필요적 기재시항에 흠결이 없는 요건을 갖추어야 항소할 수 있습니다.

제6절 부대항소

부대항소는 피항소인의 이익을 위하여 만들어진 제도로써 피항소인이 항소기간 내에 항소를 제기하지 아니하였거나 항소권을 포기하여 독립하여서 항소를 제기할 수 없는 경우에 상대방이 항소를 제기함으로써 인하여 피항소인은 그 상대방의 항소에 응소하는데 그칠 수밖에 없습니다.

피항소인의 경우에는 제1심판결 이상으로 유리한 판결을 기대할 수 없습니다. 따라서 피항소인은 이 경우에 상대방이 제기한 항소의 존재를 전제로 하여 여기에 편승하여 제1심판결 중 자기에게 불이익한 부분의 변경을 구하는 신청을 할 수 있습니다. 이를 부대항소제도라고 합니다.

부대상소에는 부대항소 외에 부대상고, 부대항고가 있습니다. 부대항소는 항소에 관한 규정을 따릅니다.

1. 부대항소의 요건 및 대상

부대항소의 대상은 상대방의 주된 항소에 의하여 불복을 신청한 종국판결입니다. 따라서 종국판결인 이상 전부판결이건 일부판결이건 묻지 않습니다. 다만 일부판결과 전부판결은 2개의 별개판결이므로 항소기간도 따로 진행되어 전부판결에 대한 부대항소를 제기하면서 일부판결에 대한 공격을 할 수는 없습니다.

중간 판결에 대하여는 부대항소를 할 수 없으나 소송비용의 재판에 대하여는 부대항소가 허용됩니다. 한편 피항소인은 항소인이 불복신청의 범위를 확장한 부분에 대하여도 부대항소를 제기할 수 있습니다.

2. 신청권자

부대항소를 신청할 수 있는 신청권자는 바로 피항소인입니다.

항소기간 내에 항소를 제기하지 아니하였거나 항소권을 포기하여 독립하여서 항소를 제기할 수 없은 상태에 있는 피항소인도 부대항소를 할 수 있습니다.

그러나 부대항소권도 포기한 때는 부대항소를 할 수 없습니다.

전부 승소한 자는 항소할 수 없고, 상대방이 항소한 경우에 이에 편승하여 부대항소를 할 수 있을 뿐입니다. 부대항소는 주된 항소의 피항소인으로부터 항소인에 대하여 제기되는 것이 원칙입니다. 그러나 부대항소가 주된 항소의 취하 또는 각하의 판결에 의하여 독립된 항소로 될 때에는 항소인이었던 자도 부대항소를 제기할 수 있습니다.

3. 부대항소 시기 및 청구확장

부대항소는 주된 항소의 변론종결 전에 제기하여야 하고, 부대항소에 있어서는 항소기간은 문제되지 아니합니다. 제1심에서 전부 또는 일부패소한 당사자는 항소하여 청구의 기초에 변경 없는 한도에서 변론이 종결될 때까지 청구취지 또는 청구원인을 변경할 수 있으므로 청구확장도 가능합니다.

4. 부대항소의 제기

부대항소의 제기방식 및 절차에 관하여는 항소에 관한 규정을 준용합니다. 따라서 필요적기재사항을 명시하고 현재 계속되고 있는 주된 항소사건에 부대한다는 것을 명시하여야 합니다. 부대항소장을 제출하는 법원은 항소기록이 송부되기 전이면 제1심법원에 송부된 후에는 항소법원에 제출하여야 합니다.

부대항소는 항소가 취하되거나 항소가 부적법하여 각하된 때에는 부대항소도 그 효력을 잃습니다. 그러나 항소기간 내에 적법하게 제기된 부대항소는 독립하여 항소를 제기한 것으로 간주합니다.

인지대와 송달요금은 항소장의 인지대산정방식과 송달요금예납 기준을 준용합니다. 다만 반소의 제기 또는 소의 변경을 위한 부대항소장에 첨부할 인지액은 민사소송 등 인지법 제4조 및 제5조의 규정에 의하여 산정합니다.

제7절 항소심 재판절차

항소심에 있어서도 본안판결을 하기 위하여는 변론을 거쳐야 합니다. 항소심에서의 변론은 당사자가 제1심판결의 변경을 구하는 한도에서 행하여집니다. 현행 항소심의 심리의 방법은 항소인이 항소에 의하여 변경을 구하는 불복주장을 심판의 대상으로 하여 그 불복주장의 당부를 심판함에 필요한 범위내에서 제1심 변론의 속행으로서 항소심에서도 새로운소송자료를 제출할 수 있고, 이와 제1심에서의 소송자료를 모두 판단의 기초자료로 하여 제1심판결의 당부를 검토하는 속심제를 채용하고 있습니다.

불복주장의 범위는 항소제기시에 확정되어야 하는 것은 아니고 항소심변론종결시까지 이를 주장하여 감축하거나 확정하고 변경할 수 있습니다.

항소사건은 항소취하, 항소의 취하간주, 소의 취하, 항소장각하명령, 화해, 청구의 포기와 인낙, 종국판결 등에 의하여 종료합니다. 항소심에서의 취하간주는 소의 취하가 아니라 항소의 취하로 간주됩니다.

1. 준용규정

항소심에는 민사소송법 제1편 총칙이 적용됨은 물론이고 제2편 제1장 내지 제3장의 규정은 특별한 규정이 없으면 항소심의 소송절차에 이를 준용합니다. 그러므로 결석판결과 같은 것은 제1심과 마찬가지로 이를 인정하지 않습니다. 따라서 항소심의 변론기일에 당사자 일방이 출석하지 아니하거나 출석하여도 본안변론을 하지 아니한 때에는 그가 제출한 항소장, 답변서, 기타 준비서면에기재한 사항을 진술한 것으로 간주하고 출석한 상대방에게 변론을 명할 수 있고, 소의 변경, 청구의 포기, 인낙, 화해 등도 제1심과 같이 할 수 있습니다. 항소심에서도 중간확인의 소를 제기할 수 있음은 물론입니다.

2. 항소심 변론

가. 변론의 범위

항소심에서의 변론은 당사자가 제1심판결의 변경을 구하는 한도에서 행하여집니다. 이러한 불복주장의 범위는 항소취지로 기재되는데 항소제기 시에 확정되어야 하는 것은 아니고 항소심변론종결 시까지 청구취지를 감축하거나 확장 또는 변경할 수 있습니다.

나. 항소장의 진술

변론 이 개시되면 먼저 항소인이 항소장에 기하여 불복주장을 진술하여 제1심판결의 취소 또는 변경을 구하는 본안의 신청을 하고, 다음에 피항소인은 항소인의 항소가 부적법하다는 것을 주장하여 항소각하의 판결을 구하거나 항소가 이유 없다는 것을 주장하여 항소각하의 판결을 구하는 신청을 하여야 합니다.

다. 제1심판결의 취소판결

항소법원은 제1심판결이 부당하다고 인정한 때 또는 제1심판결의 절차가 법률에 위배한 경우에는 제1심판결을 취소하고 항소심은 제1심판결 절차에 위법이 있어 제1심판결을 취소하는 경우에는 이를 환송(제1심법원으로 보내지 않고)하지 않고 자판(항소심에서 판결)할 수 있습니다.

제2장
민사소송 항소장 및 항소이유서 최신서식

(1)민사항소 - 대여금청구 원고가 법인에게 투자한 돈을 피고 개인에게 청구하여 기각청구 항소이유서 최신서식

항 소 이 유 서

사건번호:○○○○나○○○○호대여금청구 항소

원고(피항소인):○○○

피고(항 소 인):○○○

○○○○ 년 ○○ 월 ○○ 일

위 피고(항소인) : ○ ○ ○(인)

동부지법제2민사부 귀중

항 소 이 유 서

사건번호:○○○○나○○○○호대여금청구 항소사건

원고(피항소인):○○○

피고(항 소 인):○○○

위 사건에 대하여 피고(항소인)는 다음과 같이 항소이유를 개진합니다.

- 다 음 -

1. 제1심 판결에 대한 불복 범위
   주문 모두에 대하여 불복하므로 원고(피항소인)의 청구를 기각하여 주시기 바랍니다.

2. 불복이유

   가, 원심은 원고(피항소인, 다음부터"원고"라고만 하겠습니다)와 피고(항소인, 다음부터"피고"라고만 줄여 쓰겠습니다)가 갑제1호증의 현금보관증(이하 앞으로는 "현금보관증"이라고 합니다)을 작성하여 원고에게 교부한 사실만 인정하고, 피고에게 금 5,000만원을 지급하라는 판결을 내렸으나, 피고는 현금보관증을 작성해 원고에게 교부한 사실은 있으나, 이는 어디까지나 원고가 소외 주식회사 ○○○○(이하"○○○○"라고 하겠습니다)를 통해 부동산개발업체에 투자한 투자금인데 피고가 주선을 하면서 보관한다는 의미에서 작성하였을 뿐임에도 원심은 차용증으로 판단한 잘못이 있습니다.

   나, 따라서 원고는 ○○○○를 통하여 부동산개발업체에 투자한 것인데 피고가 ○○○○에게 원고를 주선한 것뿐이고 원고 역시 위 투자금을 피고에게 보관한 사실도 없고 피고에게 투자금을 송금한 것도 아니고 투자금은 모두 ○○○○의 법인 통장으로 입금하는 등 투자한 것으로서 피고와는 아무런 관련이 없음에도 원심에서는 피고가 이를 적극적으로 부인하고 ○○○○로부터 원고가 청구해야 한다고 하였으나 원심에서는 피고의 주장을 배척하고 판단한 잘못이 있습니다.

다, 원고는 투자의 목적으로 ○○○○에게 송금하고 부동산개발업체에 투자한 어디까지나 투자 금으로서 피고가 투자금을 보관한다는 보관증을 작성 교부하였다 하더라도 청구할 수 있는 금액이 아니라고 ○○○○의 대표이사 ○○○의 사실확인서에도 밝혀지고 있음에도 원심은 심리미진으로 오인 판단한 잘못이 있습니다.

라, 이에 원고는 ○○○○에게 투자하기로 하고 송금한 투자 금을 ○○○○가 부동산개발업체에 투자하고 이들로부터 원고가 투자금 중 1,500만원도 직접 수령하는 등 여러 정황에서도 투자 금이라는 사실과 원고의 투자 금에 대한 채무를 부담하는 자가 ○○○○와 부동산개발업체라는 사실 또한 밝혀지고 있음에도 원심은 투자금의 실체를 밝히지도 않고 피고가 현금보관증을 작성하여 교부하였다는 사실만 인용하여 오인 판단한 잘못이 있습니다.

3. 결어

피고는 ○○○○가 부동산개발업체에게 투자할 금액을 원고에게 주선하고 원고가 ○○○○에 투자 금을 송금한 사실을 확인하면서 현금보관증을 작성해 교부한 것이고 ○○○○가 원고의 투자 금을 부동산개발업체에게 투자한 사실을 원고의 승낙에 의하여 투자한 것이고 후일 투자금의 반환도 원고가 부동산개발업체로부터 직접 1,500만원을 지급받은 사실만 비추어 보더라도 원고의 투자금은 피고가 아닌 원고가 투자 금을 직접 송금하고 원고의 승낙에 의하여 ○○○○가 부동산개발업체에게 투자한 이상 이들을 상대로 청구하여야 하므로 원고의 청구는 기각되어야 마땅합니다.

원고가 투자한 것도 원고가 스스로 판단하고 ○○○○에 투자한 것이고 투자금의 반환도 원고가 스스로 ○○○○를 상대로 반환받아야 하지 투자를 주선만 하였던 피고가 원고의 투자금 손실금내지는 원금까지 책임져야할 의무는 없다할 것이므로 원고의 청구는 더 나아가 이유가 없는 것이라 기각되어야 할 것입니다.

○○○○ 년 ○○ 월 ○○ 일

위 피고(항소인) : ○ ○ ○(인)

동부지법 제2민사부 귀중

(2)민사항소 - 항소이유서 피고의 처와 임대차계약체결 이혼 후 보증금반환 불이행 원심판결은 사실관계 오인 항소이유서

항 소 이 유 서

사건번호:○○○○나○○○○호임대차보증금

원고(항 소 인):○○○

피고(피항소인):○○○

○○○○ 년 ○○ 월 ○○ 일

위 원고(항소인) : ○ ○ ○(인)

인천지방법원 귀중

항 소 이 유 서

사건번호:○○○○나○○○○호임대차보증금

원고(항 소 인):○○○

피고(피항소인):○○○

위 사건에 대하여 원고(항소인)는 다음과 같이 항소이유를 제출합니다.

- 다 음 -

1. 원고(항소인, 앞으로는"원고"라고만 줄여 쓰겠습니다)는 ○○○○. ○○. ○○. 인천광역시 부평구 부개길 ○○-○ 소재 소외 ○○○와 피고 ○○○의 공동소유(이 당시 소외 ○○○와 피고 ○○○은 법률상 부부였습니다)로 되어 있던 주택 중 방 2칸을 피고 ○○○의 동의를 받은 소외 ○○○와 임차보증금 ○,○○○만원에 같은 해 ○○. ○○.부터 ○○○○. ○○. ○○.까지 2년간 임차하기로 계약하고 계약 당일 계약금 ○,○○○만원을 지급하고, 같은 해 ○○. ○○. 잔금 ○,○○○만원을 지급하였으며 ○○○○. ○○. ○○. 전입신고를 하고 사용 중 소외 ○○○는 피고 ○○○와 이혼하고 자신의 위 주택의 소유지분을 ○○○○. ○○. ○○. 피고 ○○○ 누나의 딸인 피고 ○○○에게 소유권이전등기를 하였습니다.

2. 결국 소외 ○○○는 피고 ○○○의 위임을 받아 이 사건 임대차계약을 체결한 것이고, 피고 ○○○는 위 임대차계약의 임대인의 지위를 승계하였기 때문에 피고 ○○○는 모두 위 임차보증금 ○,○○○만원을 반환할 의무가 있습니다.

3. 결국 원심 판결은 이러한 사실관계에 오인이 있어 판결을 그르친 위법이 있다고 하겠습니다.

소명자료 및 첨부서류

1. 을 제1호증임대차계약서

1. 을 제2호증주민등록 등초본

○○○○ 년 ○○ 월 ○○ 일

위 원고(항소인) : ○ ○ ○(인)

인천지방법원 귀중

(3)민사항소 - 항소이유서 상여금 청구 원고가 항소제기 후 재판부에 원고의 청구를 인용하는 판결을 해 달라는 항소이유서

항 소 이 유 서

사건:○○○○나○○○○호 ○○청구

항 소 인(원고):○○○

피항소인(피고):○○○

○○○○ 년 ○○ 월 ○○ 일

항소인(원고) : ○ ○ ○(인)

울산지법 민사2부 귀중

항 소 이 유 서

사건:○○○○나○○○○호 ○○청구

항 소 인(원고):○○○

피항소인(피고):○○○

위 당사자 간 귀원 ○○○○나○○○○호 ○○청구사건에 관하여 원고는 다음과 같이 항소이유를 제출합니다.

- 다 음 -

1. 총설

핵심적 쟁점을 중심으로

원심은 '상여금 지급 시행 세칙'상 15일 미만 근무한 자에게는 상여금을 지급하지 않는다는 '지급제외자 규정'을 근거로 상여금의 고정성을 부정하는 판단을 내렸습니다.

지급제외자 규정은 대법원 2013. 12. 18. 선고 2012다89399 전원합의체 판결(이하 '전원합의체 판결'이라 줄여 쓰겠습니다)이 인정하고 있는 이른바 '일정 근무일수 조건'인데, 전원합의체 판결은 '일정 근무일수 조건'이 유효함을 전제로 이를 상여금의 고정성을 부정하는 근거로 삼았습니다.

따라서 원심으로서는 지급제외자 규정에 대해 충분하고 세심한 검토를 거쳐 지급제외자 규정이 유효하다고 인정될 경우에만, 이를 근거로 상여금의 고정성 여부를 판단했어야 합니다.

그럼에도 불구하고 원심이 지급제외자 규정이 유효한지 여부에 대한 충분한 심리와 확실한 논거의 제시도 없이, 전원합의체 판결의 고정성 논리를 수용하기에 급급하여 '지급제외자 규정이 존재한다'는 사실 자체만을 강조하며 상여금의 고정성을 부정하는 형식적이고 기계적인 판단을 내렸다는 의심을 떨쳐버릴 수가 없습니다.

지급제외자 규정이 근로기준법이나 단체협약에 위배됨이 없어 유효하다면, 전원합의체 판결의 논리대로 이를 고정성 부정의 근거로 삼을 수도 있을 것입니다.[1]

그러나 상여금 세칙상의 지급제외자 규정은 다음에서 보는 바와 같이 근로기준법과 노동조합 및 노동관계조정법, 그리고 피고 회사 단체협약에도 위배되어 무효임이 명백한바, 이를 근거로 상여금의 고정성을 부정할 수는 없다 하겠습니다.

따라서 무효임이 분명한 지급제외자 규정을 유효하다고 보아 이를 고정성을 부정하는 근거로 삼은 원심판결은 부당하므로, 마땅히 파기되어야 한다고 생각합니다.

2. 상여금 세칙 상'지급제외자 규정'은 무효

가. 단체협약과 관련하여

1) 원심판결의 요지

원심은"이 사건 상여금 역시 임금의 일종으로, 피고로서는 퇴직금 및 상여금 등을 망라한 제반 급여항목에 관하여 단체협약에 위배되지 않는 한도 내에서 급여규정 등의 위임을 통해 구체적•보충적인 지급규정을 마련할 수 있고, 지급제외자 규정이 그러한 한도 내에서 마련되었다고 봄이 상당하다"고 판단하여, 상여금 세칙 상'지급제외자 규정 '의 유효성을 인정하였습니다.

나아가 그 판단의 근거로서,

첫째"단체협약에서는 상여금의 지급과 관련하여 지급률 및 지급시기만 정하고 있을 뿐, 기준기간 및 기준임금 등 상여금의 현실적인 산정과 지급을 위한 기타의 요소들이 누락되어 있어, 상여금이 현실적으로 지급되기 위해서는 단체협약 외 기타의 규정을 통한 세부적인 지급기준이 보충될 것이 실무상 예정되어 있다"는 점,

둘째"단체협약 제46조 제2항은 '임금의 정의 및 구성'이라는 항목 하에 기

---

1) 후술하겠지만, 이 경우에도 지급제외자 규정은 다른 이유에서 고정성 부정의 근거가 될 수 없다 하겠습니다.

본급 및 제 수당을 급여규정과 제수당 세칙에 정하는 바에 따라 지급토록 하고, 급여규정의 위임에 따라 상여금 세칙은 개인별 지급률 및 지급제외자 등 상여금의 세부적인 지급기준을 정하고 있다"는 점,

셋째 "퇴직금 또한 상여금과 마찬가지로 '기본급 및 제 수당' 어느 항목에도 포함되지 않을 여지가 있고, 단체협약 중 제46조 이외의 조항에서는 퇴직 금 지급방법에 대해 별도의 명시적인 위임규정을 두지 않았음에도, 피고는 급여규정이 위임하는 바에 따라 퇴직금 시행세칙을 제정한 후 이를 근거로 퇴직금을 지급하여 왔다"는 점,

넷째 "상여금은 포상적 내지 성과급적 성격으로 기본급에 추가하여 지급되 는 경우가 많고, 피고의 취업규칙 제48조 또한 '회사는 직원들에게 연간 업 적을 참작하여 상여금을 지급할 수 있다'고 규정하고 있고, 상여금의 위와 같은 성격에 비추어 볼 때에도 그것이 단체협약 등에 저촉되지 않는 범위 내에서는 상여금 세칙 등 세부규정을 별도로 마련하여 상여금 제도를 탄력 적으로 운용할 수 있다고 해석된다."는 점을 들고 있습니다.

2) 원심판결의 부당성

   가) 지급제외자 규정은 단체협약에 어긋남

   (1) 근로기준법 제96조는 "취업규칙은 법령이나 해당 사업 또는 사업장에 대하여 적용되는 단체협약과 어긋나서는 아니 된다"고 규정하고 있습 니다.

   또한 노동조합 및 노동관계조정법 제33조 제1항은 "단체협약에서 정 한 근로조건 기타 근로자의 대우에 관한 기준에 위반하는 취업규칙 또는 근로계약 부분은 무효로 한다.", 제2항은 "근로계약에 규정되지 아니한 사항 또는 제1항의 규정에 의하여 무효로 된 부분은 단체협약 에 정한 기준에 의한다"고 규정하고 있습니다.

   그런데 피고와 노동조합이 체결한 단체협약(이하 '단체협약'이라 합니 다) 제53조에는 상여금의 지급액이 통상임금의 750%로 정해져 있음

에도 불구하고, 취업규칙의 일종인 상여금 지급 시행세칙(이하'상여금 세칙'이라 합니다)에는 기준기간 내 결근 등으로 15일 미만 근무한 자에게는 상여금을 전혀 지급하지 않는다는 지급 제한규정을 부가하여 단체협약의 지급률을 다시 변경하는 내용을 담고 있습니다.

단체협약에는 상여금을 750%를 지급하도록 규정하고 있는데, 상여금 세칙은 이에 거슬러 지급제외자에 해당하면 상여금을 전혀 지급하지 않는다는 규정을 두고 있는바, 이 부분 상여금 세칙이 단체협약 제53조의 규정에 어긋남은 너무나도 자명합니다.

나아가 단체협약 제51조(비상시 지불)는 "회사는 다음 각 호의 경우 본인 또는 정당한 권리자의 요구에 의해 기왕의 노동에 대한 임금을 지급하여야 한다. 1. 휴직, 퇴직, 해고 시"라고 규정하고 있는바, 어느 근로자가 '휴직으로 15일 미만 근무한 경우에는 상여금을 지급하지 않는다.'는 지급제외자 규정에 해당되어 그 근로자는 <u>기왕의 노동에 대한 임금을 전혀 지급받을 수 없게 되므로</u>, 지급제외자 규정이 단체협약 제51조에도 어긋남도 쉽게 알 수 있습니다.

(2) 그럼에도 불구하고 원심이 어떻게 상여금 세칙상의 지급제외자 규정이 "<u>단체협약에 위배되지 않는 한도 내에서 마련되었다고 봄이 상당하다</u>"고 결론지을 수 있었는지, 원고들은 도무지 그 이유를 알 수 없습니다.

나) 지급제외자 규정은 단체협약이 구체적으로 범위를 정하여 위임한 것도 아님

(1) 대법원의 입장

(가) 대법원은 "법령의 규정이 특정 행정기관에게 법령 내용의 구체적 사항을 정할 수 있는 권한을 부여하면서 권한행사의 절차나 방법을 특정하지 아니한 경우에는 수임 행정기관은 행정규칙이나 규정 형식으로 법령 내용이 될 사항을 구체적으로 정할 수 있다. 이 경우 행정규칙 등은 당해 법령의 위임한계를 벗어나지 않는 한 대외

적 구속력이 있는 법규명령으로서 효력을 가지게 되지만, 이는 행정규칙이 갖는 일반적 효력이 아니라 행정기관에 법령의 구체적 내용을 보충할 권한을 부여한 법령 규정의 효력에 근거하여 예외적으로 인정되는 것이다.

따라서 그 행정규칙이나 규정이 상위법령의 위임범위를 벗어난 경우에는 법규명령으로서의 대외적 구속력을 인정할 여지는 없다"고 판시하였습니다(대법원 2012.07.05. 선고 2010다72076 판결 등 참조).

또한 대법원은 "위임명령은 법률이나 상위명령에서 구체적으로 범위를 정한 개별적인 위임이 있을 때에 가능하고, 여기에서 구체적인 위임의 범위는 규제하고자 하는 대상의 종류와 성격에 따라 달라지는 것이어서 일률적 기준을 정할 수는 없지만, 적어도 위임명령에 규정될 내용 및 범위의 기본사항이 구체적으로 규정되어 있어서 누구라도 당해 법률이나 상위법령으로부터 위임명령에 규정될 내용의 대강을 예측할 수 있어야 하나, 이 경우 그 예측가능성의 유무는 당해 위임조항 하나만을 가지고 판단할 것이 아니라 그 위임조항이 속한 법률의 전반적인 체계와 취지 및 목적, 당해 위임조항의 규정형식과 내용 및 관련 법규를 유기적·체계적으로 종합하여 판단하여야 하며, 나아가 각 규제 대상의 성질에 따라 구체적·개별적으로 검토함을 요한다."고 판시하고 있습니다(대법원 2015.01.15. 선고 2013두14238 판결 등 참조).

(나) 위 대법원 판결들의 취지를 종합해 보면,

위임명령은 법률이나 상위명령에서 구체적으로 범위를 정한 개별적인 위임이 있을 때에 가능하고, 그 위임명령이 위임의 한계를 벗어나지 않아야 대외적인 구속력이 있는 법규명령으로서 효력을 가지게 되며,

여기에서 구체적인 위임의 범위는 적어도 위임명령에 규정될 내용

및 범위의 기본사항이 구체적으로 규정되어 있어서 누구라도 당해 법률이나 상위법령으로부터 위임명령에 규정될 내용의 대강을 예측할 수 있어야 하고,

이 경우 그 예측가능성의 유무는 당해 특정조항 하나만을 가지고 판단할 것은 아니고 법률의 입법 취지 등을 고려하여 관련 법조항 전체를 유기적 · 체계적으로 종합하여 판단해야 할 것입니다

(다) 그리고 위와 같은 대법원의 입장은 상위규범과 하위 규범 간의 위임, 집행관계 규정을 규율하는 일반적인 법원칙에 해당하는 것으로, 상위규범인 단체협약과 하위 규범인 취업규칙 간에도 적용되는 원칙이라 하겠는바, 노동법규의 강행규정성을 고려할 때 엄격히 지켜져야 할 법원칙이라 하겠습니다.

특히 단체협약이 노사 상호간의 합의에 의해 맺어지는 것임에 비해, 취업규칙 등은 사용자 단독으로 일방적으로 규정되는 점을 감안하면, 이러한 법원칙은 더욱 엄격히 지켜질 필요가 있다 하겠습니다.

(2) 원심판결의 부당성

(가) 원심은 "단체협약 제46조 제2항은 '임금의 정의 및 구성'이라는 항목 하에 기본급 및 제수당을 급여규정과 제 수당 세칙이 정하는 바에 따라 지급토록하고, 급여규정의 위임에 따라 상여금 세칙은 개인별 지급률 및 지급제외자 등 상여금의 세부적인 지급기준을 정하고 있다"고 판단하여, 상위규범인 단체협약 제46조 제2항이 하위규범인 상여금 세칙에 상여금에 관한 세부적인 지급기준을 위임하고 있는 듯이 해석하였습니다.

그러나 단체협약이 기본급, 제 수당, 상여금, 퇴직금을 구분하여 정하고 있고, 특히 단체협약 제46조 제2항은 "기본급 및 제 수당은 급여규정과 제 수당 세칙이 정하는 바에 따라 지급한다(제 수당 별첨)"이라고 규정하고 있는데 이 '제 수당 별첨' 목록에 '상여금'이 포함되지 않는 점 등을 미루어 볼 때, 문언 상으로 제 수당

에 상여금은 포함되지 않는다고 해석되는바, 원심판결은 우선 이 점에서부터 사실관계를 잘못 파악하고 있다 하겠습니다.

원심은 이점과 관련하여 "문언의 형식적 의미상으로만 보면 이 사건 상여금이 '기본급 및 제 수당'중 어느 것에도 포함되지 않는 것으로 해석될 여지도 있다. 그러나 단체협약 제46조는 임금에 관한 통칙적 규정으로서, 같은 조 제2항이 '기본급 및 제수당을 제외한 기타의 임금에 대해서는 급여규정 등을 통해 구체적인 지급기준을 정하는 것을 허용하지 않겠다는 취지로 단정하기는 어렵다"고 하면서, 단체협약 제46조 제2항이 상여금세칙에 지급제외자 규정을 두도록 위임한 상위 규범이라고 판단하였습니다.

그러나 우리 대법원이 "단체협약서와 같은 처분문서는 특별한 사정이 없는 한 그 기재 내용에 의하여 그 문서에 표시된 의사표시의 존재 및 내용을 인정하여야 하고, 한편 단체협약은 근로자의 근로조건을 유지 개선하고 복지를 증진하여 근로자의 경제적, 사회적 지위를 향상할 목적으로 근로자의 자주적 단체인 노동조합이 사용자와 사이에 근로조건에 관하여 단체교섭을 통하여 체결하는 것이므로 그 명문의 규정을 근로자에게 불리하게 해석할 수는 없다"고 단체협약의 해석기준을 일관되게 천명하고 있는바(대법원 2014.02.13. 선고 2011다86287 판결 등 참조), 원심의 이 부분 판단은 자의적인 무리한 해석론이라 하지 않을 수 없습니다.

다) 일반적으로 구체적인 법규명령이 위임명령과 집행명령의 어느 것에 속하는지는 분명하지 아니한 경우가 많으며, 또 실제에 있어서는 하나의 법규명령 중에 위임명령으로서의 규정과 집행명령으로서의 규정이 혼합되어 있는 것이 보통인바[2], 상여금 세칙에 단체협약이 구체적으로 범위를 정하여 위임한 사항과 단체협약의 상여금 지급규정을 집행하기 위하여 필요한 세부사항이 혼합되어 규정되어 있다 할지라도, '지급제외자' 규정만은 위임사항과 세부사항 어디에도 속하지 않는 단체협약상의 상여금 규정을

---

2) 이상규 신정판 신행정법론(상) 330면 참조

정면으로 제한하고 변경을 초래하는 규정임이 명백하다 하겠습니다.

그럼에도 불구하고 원심이 단체협약 제46조 제2항을 단체협약에 저촉되는 규정까지 정할 수 있음을 위임한 규정으로 보아 그 규정에 따라 새로운 지급조건이나 지급액을 정하여 상여금을 지급할 수 있다고 본 것은 자의적인 확장해석으로 타당하지 않다고 생각합니다.

상여금 세칙이 단체협약 제46조 제2항의 위임에 의해 단체협약의 상여금 규정의 내용을 보충하는 기능을 가질 경우에는 그 형식과 상관 없이 단체협약의 상여금 규정과 결합하여 노사에 구속력이 있는 세칙으로 효력을 가진다 하겠으나, 이 경우도 단체협약이 분명하게 정하고 있는 '상여금 지급률'을 변경·제한하는 규정까지 보충이라는 이름하에 상여금 세칙에 위임한 것으로 볼 수는 없다 하겠습니다.[3]

따라서 피고가 원심에서 주장한 것처럼, "단체협약이 지급액과 지급시기를 규정하고(단체협약 제53조), 실무적으로 정해져야 할 기준급여, 지급대상자 등의 구체적인 업무절차는 급여규정(제7조)과 상여금 세칙에 위임되어 있다"고 보아,[4] 단체협약 제46조 제2항이 상여금의 지급률과 지급시기를 제외한 다른 세부사항만 보충하도록 상여금 세칙에 위임한 것으로 해석하는 것은 가능하다 하겠습니다.

라) 지급제외자 규정은 상여금을 지급하기 위한 구체적이고 보충적인 세부사항도 아닙니다.

(1) 원심판결의 요지

원심은 "단체협약에서는 이 사건 상여금의 지급과 관련하여 '지급률'과 '지급시기'만을 정하고 있을 뿐, 기준기간 및 기준임금 등 상여금의 현실적인 산정과 지급을 위한 기타의 요소들이 누락되어 있다. 결국 상여금이 현실적으로 지급되기 위해서는 단체협약 외 기타의 규정을 통해 세부적인 지급기준이 보충될 것이 실무상 예정되어 있다"고 보

---

3) 같은 취지, 대법원 1987.09.29. 선고 86누484 판결 등
4) ○○○○.○○.○○.자 피고 준비서면 3면 참조

아, 상여금의 세칙상의 지급제외자 규정도 단체협약 제46조 제2호에 의해 상여금을 지급하기 위한 보충적 규정으로 실무상 예정되어 있는 것처럼 판단하였습니다.

(2) 원심판결의 부당성

(가) 원심이 지적한 것처럼 단체협약에 기준기간 및 기준임금 등 상여금의 현실적인 산정과 지급을 위한 요소들이 누락되어 있는 것은 사실이며, 이러한 세부사항은 단체협약의 위임여부와 관계없이 상여금 세칙이 정하여 시행할 수 있다 하겠습니다.

그러나 지급제외자 규정은 상여금의 현실적인 산정과 지급을 위한 구체적이고 보충적인 세부규정이 아닙니다. 이는 지급제외자 규정이 없어도 상여금의 지급에 아무런 장애요인이 생기지 않는다는 사실만 상기하더라도 쉽게 알 수 있습니다.

원심이 예를 든 것처럼'단체협약에서 상여금 지급시기로 정한'격월'의 경우 이것이 홀·짝수 월 중 무엇을 의미하는지가 추가로 규율되어야 실제 지급이 가능'하므로, 위 추가적 규정은 구체적·보충적 규정이 라 할 수 있겠지만, 지급제외자 규정은 없어도 실제 지급에 아무런 지장이 없다 하겠는바, 지급제외자 규정이 지급을 위한 구체적·보충적 규정이 아님은 너무나도 자명합니다.

한마디로 지급제외지 규정은 상여금의 지급여부와 지급률을 변경할 수 있는 중핵적인 규정으로, 단체협약이 규정한 내용의 상여금을 현실적으로 지급하기 위해 구체적·보충으로 정한 세부규정이 아닌바, 단체협약의 위임 없이 상여금 세칙이 마음대로 정할 수 있는 세부적인 보충규정에 속하지 않습니다.

따라서 지급제외자 규정은 세부적인 보충규정이 아니기 때문에 위임에 의해 보충을 하더라도 상위규범인 단체협약은 구체적으로 범위를 정한 개별적인 형식으로 위임을 해야 하고, 하위규범인 상여금 세칙은 그 위임의 범위를 벗어나지 않게 규정되어야 합니다.

그런데 지급제외자 규정은 이러한 제한 속에서 마련된 규정이 아닌바, 그 효력은 단체협력에 위배로 부정되어야 할 것입니다.

(나) 더욱이 대법원 전원합의체 판결에 의하면 지급제외자 규정은 통상임금의 고정성을 부정하는 추가적 조건으로 기능할 수 있어, 원고 등 근로자들에게 미치는 영향은 실로 지대합니다. 따라서 이러한 규정을 사용자가 단독으로 정하는 상여금 세칙에 보충적이라는 이름으로 마음대로 끼어 넣을 수 있도록 용인한다면, 이는 통상임금 제도를 존치시킨 근로기준법의 입법취지를 몰각시키는 결과를 초래하고 말 것입니다.

(다) 피고는 이점과 관련하여"단체협약은 상여금 지급 관련 총론만을 규정하고 있는 것이고, 실무에서 상여금을 지급하기 위해서는 기준급여, 지급률 및 지급시기, 지급액, 지급대상자 등이 포함된 구체적인 업무절차가 규정되어 있어야 한다."고 주장하면서, 단체협약을 총론, 상여금 세칙을 각론에 비유하여 상여금세칙이 단체협약에 어긋남이 없고 단체협약의 위임 없이도 정함이 가능하다는 논리전개를 하고 있으나,[5] 이 또한 타당한 입론이 아니라 하겠습니다.

일반적으로 각론이라는 것은 총론이 정한 가드라인 내에서 총론을 구체화하고 보완하는 것이지, 총론의 가드라인 뛰어넘어 새로운 준칙을 정할 수는 없다 하겠습니다.

상여금 세칙은 단체협약이 정한 지급률 750 %의 가드라인을 뛰어 넘어 지급제외자 조건을 충족할 경우 전혀 지급을 하지 않겠다는 규정으로, 단체협약의 가드라인을 근본적으로 뒤흔들어 허물 수 있는 규정이기 때문에 구체적인 위임 없이 상여금 세칙에서 정할 수 있는 사항이 아닙니다.

(라) 상여금은 이제 포상적 내지 성과금적 성격의 임금이 아님

(1) 원심은"상여금은 포상적 내지 성과급적 성격으로 기본급에 추가하여

---

5) ○○○○.○○.○○.자 피고 준비서면 1, 2면 참조

지급되는 경우가 많고, 상여금의 위와 같은 성격에 비추어 볼 때에도 그것이 단체협약 등에 저촉되지 않는 범위 내에서는 상여금 세칙 등 세부규정을 별도로 마련하여 상여금 제도를 탄력적으로 운용할 수 있다고 해석된다"고 판단하였으나 이러한 결론도 오늘날의 노동현실에 맞지 않은 판단으로 부당합니다.

상여금은 이제 소정근로의 대가로 주어지는 것으로 임금교섭의 중요한 대상이 되어 있으며, 그 규모면에서도 기본금에 버금가는 것인바, 이러한 상여금을 포상적 내지 성과급적 성격으로 파악하여 사용자에게 탄력적인 대응을 허락하는 것은 근로기준법의 입법취지를 완전히 몰각시킬 수 있는 위험성이 내재한 부당한 견해라 하겠습니다.

(2) 앞에서 거시한 것처럼, 우리 대법원은"단체협약서와 같은 처분문서는 특별한 사정이 없는 한 그 기재 내용에 의하여 그 문서에 표시된 의사표시의 존재 및 내용을 인정하여야 하고, 한편 단체협약은 근로자의 근로조건을 유지 개선하고 복지를 증진하여 근로자의 경제적, 사회적 지위를 향상할 목적으로 근로자의 자주적 단체인 노동조합이 사용자와 사이에 근로조건에 관하여 단체교섭을 통하여 체결하는 것이므로 그 명문의 규정을 근로자에게 불리하게 해석할 수는 없다"는 단체협약 규정의해석기준을 천명하고 있는바,

이러한 대법원의 해석기준에 입각해서 보더라도, 원심의 단체협약 관련부분의 결론들이 자의적이고 편파적인 입장에 매몰되어 있는 것이 아닌가 하는 의구심을 떨쳐 버릴 수가 없습니다.

3) 소결

이상에서 본 바와 같이 원심은,

첫째, 상여금 세칙상의 지급제외자 규정이 단체협약의 상여금 지급액 규정에 명백히 어긋남에도 불구하고 어긋남이 없다고 보와 유효하다고 판단하고,

둘째, 피고 단체협약에는 상여금 세칙에 상여금 지급률을 달리 정할 수 있

는 '구체적으로 범위를 정한 개별적인 위임규정'을 두고 있지 않음에도, 단체협약이 상여금 세칙에서 지급제외자 규정을 정할 수 있도록 위임규정을 두고 있다고 해석하고,

셋째, 상여금 지급제외자 규정이 상여금을 지급하기 위한 구체적·보충적 세부규정으로 단체협약상의 상여금 지급규정을 변경하거나 제한하는 규정이 아니라고 결론지어,

① 단체협약에 위배되지 않는 한도 내에서 ② 급여규정 등의 위임을 통해 ③ 구체적·보충적인 지급규정을 마련할 수 있고, 지급제외자 규정이 ④그러한 한도 내에서 마련되었다고 봄이 상당하다"고 판단하면서 상여금 세칙상 '지급제외자 규정'의 유효성을 인정하였는바,

원심의 이 부분 판단은 대법원의 입장은 물론 상식적인 법 감정에도 맞지 않은 것으로 부당함을 면할 수 없다 하겠습니다.

나. 제정 및 변경절차 관련하여

1) 원심판결의 요지

원심은"○○○○경 상여금 세칙을 제정할 당시부터 지급제외자 규정을 마련한 사실을 알 수 있으므로, 적어도 지급제외자 규정과 관련하여서는 상여금 세칙이 근로자들에게 불이익하게 변경되었다고 볼 수 없다.

덧붙여 피고가 상여금 세칙을 제정하거나 근로자들에게 불이익하지 않는 범위에서 변경하는 경우라면, 현대자동차 노동조합이나 소속 근로자 과반수로부터의 의견청취를 생략하였다 하더라도 상여금 세칙상의 내용이 근로기준법에 위반되지 않는 한 무효가 되는 것은 아니다.(대법원 1991 .04. 09. 선고 90다 16245 판결 참조).

따라서 상여금 세칙의 제정 및 변경에 어떤 절차위반이 있어 효력이 없다는 원고들의 주장은 이유 없다"고 판단하였습니다.

2) 판단유탈의 문제점

원심은 ○○○의 경우 지급제외자 규정은 상여금 세칙을 제정할 당시부터 마련되어 있었기 때문에 지급제외자 규정이 근로자들에게 불이익하게 변경된 일은 아예 없었다고 전제하면서, 단지 지급제외자 규정을 포함하여 상여금 세칙을 제정할 당시 의견청취를 하지 않았다 하더라도 상여금 세칙상의 내용이 근로기준법에 위반되지 않는 한 무효가 되는 것이 아니라는 취지로 판단하였을 뿐, 상여금 세칙의'변경'이 있었고, 그 변경은 조합이나 근로자들의 '동의'가 없어 무효라는 원고들의 일관된 주장에 대해서는 실질적인 판단을 하지 않은 것처럼 보입니다.

원심이 이 부분 판단을 하면서 인용한 대법원 1991. 4. 9. 선고 90다 16245 판결도"인사관리규정을 제정함에 있어 근로자 과반수의 의견을 묻지 아니하거나 또는 그 동의를 얻지 아니한 것[6]을 들어 위 인사관리규정이 무효라고는 할 수 없다"는 인사관리규정의 제정과 관련한 의견청취의 문제일 뿐, 인사관리규정의 변경과 관련한 판시는 아닙니다.

따라서 원심판결에는'상여금 세칙의 변경이 있었고, 그 변경이 조합이나 근로자들의 동의가 없어 무효라는 원고들의 주장'에 대한 판단은 없어 판단유탈의 위법이 있다 하겠습니다.

원고들 청구의 당부를 판단하는 데는 상여금 세칙의 변경이 있었고, 그 변경 시 동의가 없었다는 원고들의 위 주장에 대한 심리가 중요하다고 보이는바, 원고들은 위 주장과 관련한 구체적인 문제점을 집중적으로 개진하고자 합니다.

3) 제정 및 변경절차와 관련한 구체적 검토

가) 지급제외자 규정은 제정된 것이 아니고 변경된 것입니다.

○○○의 경우 상여금 세칙이 제정되기 전에 다른 규정을 통해 상여금

---

6) 대법원 판결이 의견을 묻지 아니하거나 또는 그 동의를 얻지 아니한 것이라는 표현을 사용하고 있으나, 판결의 전체 내용을 보면 인사관리규정의 제정에 관한 절차를 판시하고 있음을알 수 있습니다.

을 지급해 왔을 것인바, 그렇다면 실질적으로는 상여금 세칙의 제정은 기존의 상여금 지급규정의 변경에 해당한다고 볼 여지가 있음으로, 원심은 이점에 관한 철저한 심리를 통해 변경여부를 따졌어야 했습니다.

특히 ○○○이 ○○○에 흡수합병 되어 근로관계의 포괄적인 승계로 ○○○의 취업규칙 등이 ○○○의 근로자들에게 적용되는 경우, ○○○근로자들에게는 새로운 합병회사인 ○○○의 취업규칙으로 종전의 취업규칙이 변경되는 셈이 되기 때문에, 변경과 관련한 모든 절차를 거쳐야 변경되는 취업규칙 등은 유효하게 됩니다.

그럼에도 불구하고 원심은 ○○○의 취업규칙이 변경되면서 그런 절차를 거쳤는지에 대한 심리를 제대로 하지 않았습니다.

나) 지급제외자 규정은 근로자들에게 불리한 규정입니다.

앞에서 누누이 설명하였지만 상여금 세칙상의 지급제외자 규정이 단체협약이 정한 상여금 지급률을 다시 바꿀 수 있는 규정을 신설한 것으로 근로자들에게 불리함이 명백합니다.

지급제외자 규정은 단체협약에 저촉되어 근로기준법 제96조 등에 위배되며, 뒤에서 자세히 설시하겠지만 근로기준법 제95조'제재규정의 제한' 규정에도 위반됨이 명백한바, 원심은 상여금 세칙이 근로자들에게 불이익하게 제정 또는 변경되었는지, 근로기준법에 위배됨이 없는지를 철저히 심리했어야 합니다.

그럼에도 불구하고 원심은 상여금 시행세칙이 근로자들에게 불리하게 제정·변경된 것이 아니고 근로기준법에 위배됨이 없다고 판단하여, 의견청위가 생략되었다 하더라도 상여금 세칙의 제정 또는 변경에 어떤 절차위반을 찾아볼 수 없다고 하면서 피고의 주장에 손을 들어주었습니다.

다) 변경 시 조합이나 근로자들의 동의가 없었습니다.

(1) 대법원은"사용자가 취업규칙의 변경에 의하여 기존의 근로조건을 근로자에게 불리하게 변경하려면 종전 근로조건 또는 취업규칙의 적용

을 받고 있던 근로자의 집단적 의사결정방법에 의한 동의를 요하고, 이러한 동의를 얻지 못한 취업규칙의 변경은 효력이 없으며,

근로관계가 포괄적으로 승계되는 경우에는 근로자는 승계한 법인에서도 종전의 근로관계와 동일한 근로관계를 유지하게 되고, 사용자가 일방적으로 취업규칙을 변경하거나 종전의 근로관계보다 불이익하게 승계한 법인의 취업규칙을 적용하기 위해서는 종전의 근로계약상 지위를 유지하던 근로자 집단의 집단적 의사결정방법에 의한 동의 등의 사정이 있어야 하며, 이러한 동의 등이 없는 한 사용자가 일방적으로 종전의 근로조건을 근로자에게 불리하게 변경하거나 종전의 근로조건보다 불이익한 승계한 법인의 취업규칙을 적용할 수 없다.

이 경우 종전의 근로조건을 그대로 유지한 채 승계한 법인에서 근무하게 되는 근로자에 대하여는 종전의 취업규칙이 그대로 적용된다."고 판시하고 있습니다(대법원 2010.01.28. 선고 2009다323 62 판결 등 참조).

따라서 ○○○근로자들에게 ○○○의 상여금 세칙을 적용하기 위해서는 ○○○근로자들이 ○○○의 상여금 세칙을 받아들이는 것이 근로조건상 불리한지, 불리하다면 동의가 있었는지에 대한 충분한 심리를 통한 판단이 있었어야했습니다. 그럼에도 불구하고 원심에서 이러한 심리를 거쳤다는 근거를 찾아보기 힘듭니다.

(2) 또한 대법원은 "취업규칙의 변경에 의하여 기존 근로조건의 내용을 일방적으로 근로자에게 불이익하게 변경하려면 종전 취업규칙의 적용을 받고 있던 근로자 집단의 집단적 의사결정방법에 의한 동의를 요한다 할 것이고 그 동의방법은 근로자 과반수로 조직된 노동조합이 있는 경우에는 그 노동조합의, 그와 같은 노동조합이 없는 경우에는 근로자들의 회의방식에 의한 과반수의 동의가 있어야 하고 위와 같은 방법에 의한 동의가 없는 한 취업규칙의 변경으로서의 효력을 가질 수 없으며 이는 그러한 취업규칙의 변경에 대하여 개인적으로 동의한 근로자에 대하여도 마찬가지로 보아야 할 것인 바, 위 보수규정개정

당시 원고들이 입사한지 1년이 되지 못하여 그들의 퇴직금채권에 대해 침해가능성이 없다거나 위 보수규정 개정의 목적 및 위 개정된 보수규정에 따라 이미 퇴직금을 받은 다른 직원들과 사이의 관계에서 형평에 어긋나는 결과를 초래한다 하더라도 이로써 위와 같은 법리에 어떠한 영향을 미칠 수는 없고 <u>원고들 및 그들이 소속한 노동조합이 위 보수규정개정 당시나 그 이후에 그 개정에 대한 이의를 한 바 없더라도 그 사유만으로 원고들이 위 보수규정 개정에 묵시적으로 동의한 것으로도 볼 수 없다</u>고 설시한 뒤,

피고공단이 앞서 본 바와 같이 퇴직금의 지급기준율을 하향조정하여 그 직원들에게 불이익하게 변경함에 있어서 근로자의 과반수로 조직된 노동조합이나 그 직원들의 회의방식에 의한 과반수의 동의를 얻었다는 점에 관하여 피고의 아무런 주장, 입증이 없다고 판시하였는바, 기록에 대조하여 살펴볼 때 위 사실인정과 판단은 정당한 것으로 수긍이 되고 거기에 소론이 주장하는 바와 같은 채증법칙 위반으로 인한 사실오인의 위법이 있다 할 수 없다.

그리고 원심이 위 보수규정개정내용을 피고공단이 주지시켰음에도 <u>원고들이 그 내용에 대하여 이의하지 않다가 10여년이 경과한 현재에 이르러 그 개정의 부당함을 다투는 것이 금반언의 법리에 비추어 허용될 수 없는 것은 아니라고</u> 판시한 것도 정당한 것으로 수긍이 된다. 논지는 모두 이유 없다"고 판시하였습니다(대법원 1991.09.2 4. 선고 91다17542 판결 참조).

위 대법원 판결이 "<u>취업규칙의 변경에 대하여 개인적으로 동의한 근로자에 대하여도 마찬가지로 보아야 한다</u>"고 하여 그 변경 효력을 부인하였고, "<u>원고들 및 그들이 소속한 노동조합이 위 보수규정 개정 당시나 그 이후에 그 개정에 대한 이의를 한 바 없더라도 그 사유만으로 원고들이 위 보수규정 개정에 묵시적으로 동의한 것으로도 볼 수 없다</u>"고 설시하였으며, 다시 "<u>원고들이 그 내용에 대하여 이의하지 않다가 10여년이 경과한 현재에 이르러 그 개정의 부당함을 다투는</u>

것이 금반언의 법리에 비추어 허용될 수 없는 것은 아니라고 판시한 것도 정당한 것으로 수긍이 된다"고 판시하였는바, 이러한 대법원 판례 입장에서 볼 때 ○○○근로자들이 ○○○의 상여금 세칙상 지급제외자 규정을 받아들이는데 달리 동의를 한바가 있다고 볼 수 있을지 의문입니다.

(3) 을 제36호증 ○○○○년도 임금조정합의서를 보면, '○○○○년부터는 ○○○단체협약서에 의한 지급방법을 따른다.'고 되어 있으나, 상여금 시행세칙에 의한다는 기재는 없고, 상여금에 관한 구체적인 합의내용이 상세히 기재되어 있으나 지급제외자 규정에 관해서는 전혀 언급이 없습니다.

○○○○. ○○. ○○. ○○○노사, 3사간 상이한 수당항목 및 지급기준 중 상당부분에 관하여 제도 통합에 관한 합의가 있어 을 제45호증 ○○○○. ○○. ○○.자 3사제도 통합 합의서를 작성했는데, 그 합의서에 보면 각종 수당의 지급기준 및 지급액은 상세히 기재되어 있으나 상여금에 관한 기재는 없습니다.

을 제26호증 ○○○○. ○○. ○○. 3사제도 통합 회의록에 의하면 현대자동차 노사, 기타 논의되지 않은 사항에 대해서는 ○○○기존 관례에 따른다는 원칙적인 합의만 있었습니다.

피고는 준비서면을 통해 "○○○○. ○○.경 피고 회사 노사가 ○○○○년 이후 장기간의 논의를 거쳐 인사제도 및 급여제도 통합의 대원칙에 관하여 합의하였음에도 불구하고 근로자 측의 무리한 요구로 인하여 일부 미세한 사항에 관하여 통합되지 못한 사항이 존재하고 있는 것입니다"라고 진술하고 있는 것으로 보아(○○○○. ○○. ○○.자 피고 준비서면 5면 참조), ○○○○년까지도 세부적인 사항은 제도적 통합이 아직 완료되지 못한 부분이 있음을 알 수 있습니다.

(4) 사실 노조 측이 상여금 세칙에 지급제외자 규정이 있는 것을 안 것은 ○○○○. ○○. ○○.피고회사에 제 규정의 제공을 요청하여, ○○○

○. ○○. ○○.에 상여금 세칙을 제공받았을 때이며, 노조는 그 때 제공받은 상여금 세칙에 지급제외자 규정이 있음을 알고 삭제를 요구하였습니다.

한마디로 지급제외자 규정은 그동안 적용대상자가 거의 없어 관심도 끌지 못하고 사문화 된 조항으로, 누구도 그런 조항이 있는지를 알지 못한 상태에서 존치되어 온 규정일 뿐입니다.

라) 변경된 지급제외자 규정이 사회통념상 합리성이 인정되는 것도 아닙니다.

(1) 대법원은 "사용자가 일방적으로 새로운 취업규칙의 작성·변경을 통하여 근로자가 가지고 있는 기득의 권리나 이익을 박탈하여 불이익한 근로조건을 부과하는 것은 원칙적으로 허용되지 아니한다고 할 것이지만, 당해 취업규칙의 작성 또는 변경이 그 필요성 및 내용의 양면에서 보아 그에 의하여 근로자가 입게 될 불이익의 정도를 고려하더라도 여전히 당해 조항의 법적 규범성을 시인할 수 있을 정도로 사회통념상 합리성이 있다고 인정되는 경우에는 종전 근로조건 또는 취업규칙의 적용을 받고 있던 근로자의 집단적 의사결정방법에 의한 동의가 없다는 이유만으로 그의 적용을 부정할 수는 없다고 할 것이고,

한편 여기에서 말하는 사회통념상 합리성의 유무는 취업규칙의 변경에 의하여 근로자가 입게 되는 불이익의 정도, 사용자측의 변경 필요성의 내용과 정도, 변경 후의 취업규칙 내용의 상당성, 대상조치 등을 포함한 다른 근로조건의 개선상황, 노동조합 등과의 교섭 경위 및 노동조합이나 다른 근로자의 대응, 동종 사항에 관한 국내의 일반적인 상황 등을 종합적으로 고려하여 판단하여야 할 것이지만,

취업규칙을 근로자에게 불리하게 변경하는 경우에는 그 동의를 받도록 한 근로기준법을 사실상 배제하는 것이므로 제한적으로 엄격하게 해석하여야 할 것이다"라고 판시하여,

취업규칙이 불이익하게 변경되는 경우도 그 변경된 취업규칙에 사회통념상 합리성이 있다고 인정되는 경우에는 동의를 받지 않아도 된다

고 보면서도, 다만 이 경우 '취업규칙을 근로자에게 불리하게 변경하는 경우에는 그 동의를 받도록 한 근로기준법을 사실상 배제하는 것이므로' 제한적으로 엄격하게 해석하여야 할 것이라고 결론지었습니다(대법원 2010.01.28. 선고 2009다32362 판결 등 참조).

(2) 위 대법원 판결의 입장을 근거로 상여금 세칙상의 지급제외자 규정이 조합이나 근로자들의 동의를 얻지 않아도 될 정도의 사회통념상 합리성이 있느냐를 따져 볼 때, 지급제외자 규정은 사회통념상의 합리성도 제대로 갖지 못하고 있다 하겠습니다.

특히 지급제외자 규정이 근로기준법이나 단체협약에 위배됨은 물론 그 규정형식도 단체협약이 아닌 사용자가 일방적으로 정하는 상여금 세칙에 규정되어 있어 사용자에 의해 통상임금을 지급하지 않을 목적으로 악용될 소지가 있는 점,

○○○명이 넘는 노동자 중 극소수만이 15일 미만의 출근을 이유로 상여금을 지급받지 못하는 회사 현실을 고려할 때, 이런 극소수의 개인적인 특수성을 정상적인 근로관계를 유지해 온 전 노동자에게 확대 적용하여 지급제외자 규정에 고정성을 규율하는 규범력을 부여한 것은 논리와 상식에 맞지 않는 법해석을 가져올 가능성이 상존한 점 등에 비추어 볼 때,

지급제외자 규정은 변경 시 동의를 요하지 않을 정도의 사회통념상 합리성을 가지고 있다고 보이지도 않는다 하겠습니다.

4) 소결

이상에서 보는 바와 같이 지급제외자 규정은 근로자들에게 불이익한 규정임에도 불구하고 변경 시 피고가 노동조합이나 소속근로자 과반수로부터 동의를 받지 않았고, 한편 동의를 받지 않아도 될 정도로 사회통념상 합리성이 있다고 볼 수 없음으로, 지급제외자 규정은 절차위반으로도 효력이 인정될 수 없다 하겠습니다.

다. 근로기준법 제95조(제재규정의 제한)에 위배되어 무효

1) 지급제외자 규정은 '제재규정의 제한'에 위배되어 무효

근로기준법 제95조(제재규정의 제한)는 강행규정으로 상여금의 지급에도 적용되는바, 취업규칙의 일종인 상여금 세칙에 위 제한규정에 위배되는 지급제외자 규정을 둔 경우 그 규정은 근로기준법위반으로 당연 무효라 하겠습니다.

2) 구체적 고찰

가) 근로기준법 제95조는 "취업규칙에서 근로자에 대하여 감급(減給)의 제재를 정할 경우에 그 감액은 1회의 금액이 평균임금의 1일분의 2분의 1을, 총액이 1임금지급기의 임금 총액의 10분의 1을 초과하지 못한다."고 규정하고 있습니다.

근로기준법에 이러한 감급액의 상한 규정을 둔 이유는 "임금은 근로자에게 있어 생존의 기초가 되는 수입이므로 사용자가 근로계약상의 의무를 위반한 근로자를 경제적인 제재수단으로 징계할 수 있다고 하더라도 일상적인 근로자의 생활을 위협하지 않는 선에서의 징계만을 허용하고자 하는 데 있다" 하겠는바[7], 이 규정이 근로자의 기본적인 생활보장을 위한 강행규정임이 분명하다 하겠습니다.

그리고 근로기준법상의 임금이란 사용자가 근로의 대가로 근로자에게 지급하는 일체의 금품으로서 근로자에게 계속적·정기적으로 지급되는 것이면 그 명칭 여하를 불문한다 할 것인바, 피고회사가 단체협약상 피고회사 전 직원들에게 상여금으로 통상임금의 750%를 격월 각 100%, 설날·추석 및 하기휴가 각 50%를 지급할 의무를 지고 있다면 이는 근로의 대가로 계속적·정기적으로 지급되는 것으로 임금에 해당한다 할 것입니다.

또한 감급은 "노무제공 상의 태만이나 직장규율위반에 대한 제재로서 근

---

7) 김성진 징계해고와 감급의 문제 참조

로자가 실제로 제공한 노무급부에 대한 임금액에서 일정액을 공제하는 것을 말한다.”고 정의할 수 있는바,[8) 이러한 감금제제 규정이 단체협약 또는 취업규칙 등 어느 규정에, 어떤 형식으로 존재하던 그 규정은 근로기준법이 제95조가 대상으로 하고 있는 감금제제 규정임이 명백하다 하겠습니다.

나) 그런데 피고의 상여금 세칙상의 지급제외자 규정에는 개인별 실 근무일수가 유・무결, 미승인 결근, 조합 활동 무급기간, 파업, 휴업, 사직대기, 휴직, 정직, 노조전임기간(무급) 등으로 기준기간 내 15일 미만 근무한 자에게는 기준기간에 지급될 100%의 상여금 전부를 지급받지 못하는 것으로 규정되어 있습니다.

상여금 세칙의 지급제외자 규정은 근로기준법의 감급 제한규정의 규제를 받는 규정인바, 그 규정상은 감급은 근로기준법의 감급 제한 법위 내에서 행해져야 합니다. 그럼에도 불구하고 지급제외자 규정상의 감급 내용이 근로기준법의 감급 제한을 초과하고 있음이 명백한바, 지급제외자 규정은 감급 제한규정을 정면으로 위배한 것으로 무효라 하겠습니다.

취업규정의 일종인 상여금 세칙에 피징계자에 대한 상여금 지급제한을 규정할 경우, 그 규정이 근로기준법상의‘제재규정의 제한’의 적용을 받는 것은 그 규정의 문언적 의미에서 보더라도 분명하다 하겠습니다.

만일 지급제외자 규정이 제95조의 규제대상이 아니라고 한다면 상여금 세칙에 지급제외자 규정을 두어 강행규정인 근로기준법 제95조를 사실상 무력한 시키는 탈법적 수단이 행해져 근로기준법 제95조가 사실상 사문화되는 상황이 초래될 수 있습니다.

다) 피고회사는 상여금 세칙에서 지급제외자 규정을 두어 15일 미만 근로자에게는 지급대상기간 동안 상여금을 전혀 지급하지 않도록 하고 있는바, 이러한 상여금 세칙상의 지급제외자규정은 근로기준법 제95조의 감급의 한계를 초과하여 감액을 허용하는 것으로서 무효임이 명백합니다.

---

8) 김형배 노동기준법(제6판) 745 쪽 참조

또한 피고회사의 지급제외자 규정이 지급대상기간인 2개월 동안 15일 미만 근무자에 대해서는 그 대상기간 지급할 상여금 100%를 지급하지 않도록 규정하고 있는바, 상여금이 임금총액에서 차지하는 비중을 감안할 때 설사 다른 임금에 대한 감급이 없고 상여금만 감급한다고 하더라도 그 금액은 총액임금의 10분의 1을 초과함이 분명하여, 그 지급제외자 규정이 근로기준법상의 제재제한 규정에 위배됨은 쉽게 알 수 있다 하겠습니다.

라) 서울지방법원 1995. 4. 18.선고 95나342 상여금 사건도 "본봉뿐만 아니라 상여금도 근로기준법상의 제재제한 한계를 초과하여서는 아니 되며, 취업규칙에서 그런 초과 감급규정을 둔 경우 근로기준법 위반의 무효"라는 취지를 분명히 하고 있습니다.

노동부 유권해석도 "근로기준법 제98조(현행 제95조)는 사용자가 취업규칙으로 감급의 제재를 정하는 경우 감급의 최고한도를 정함으로써 근로자의 생계를 보호하고자 하는 규정으로 해석되는 바, 귀 질의의 '상여금 지급규정'이 당해 사업장의 전체 근로자에게 적용될 근로조건을 정한 것이라면 그 명칭 여하를 불문하고 취업규칙으로 볼 수 있으며, 징계자에 대하여 상여금을 제한하여 지급토록 정하는 것은 단순히 '상여금 지급조건을 정한 것'이라기보다는 징계를 이유로 근로조건에 차별을 둠으로써 제재를 하는 것으로 볼 수 있으므로, 달리 볼 사정이 없는 한 근로기준법 제98조의 적용을 받는다고 봄."이라고 해석하고 있습니다(근로기준팀-1394, 2006.03.29).

3) 소결

근로기준법 제95조(제재규정의 제한)는 강행규정으로 상여금의 지급에도 적용되는바, 취업규칙의 일종인 상여금 세칙이 위 제재규정의 제한에 위배되는 규정을 둔 경우, 그 규정은 어디에, 어떤 형태로 존재하든지 근로기준법 위반으로 무효라 하겠습니다.

라. 결론

이상에서 보는 바와 같이 상여금 세칙상의 지급제외자 규정은 근로기준법이나 단체협약에 위배되어 무효임이 명백합니다.

원심은 상여금 세칙상 지급제외자 규정이 존재한다는 것에 압도되어 지급제외자 규정이 유효한지 여부도 제대로 따지지 않고, 지급제외자 규정이 존재한다는 사실만을 강조하여 상여금이 고정성을 부정하는 판단을 내렸습니다.

단체협약에는 상여금을 750%를 지급하도록 규정하고 있는데, 상여금 세칙은 이에 거슬러 지급제외자에 해당하면 상여금을 전혀 지급하지 않는다는 규정을 두고 있는바, 이 부분 상여금 세칙이 단체협약의 내용에 어긋남은 너무나도 자명합니다.

이런 자명한 사실을 외면하고 자의적이고 편파적인 법해석을 내린 원심은 부당함을 면치 못한다 하겠는바, 파기되어야 마땅하다고 생각합니다.

3. 지급제외자 규정은 통상임금 고정성 판단의 기준이 될 수 없음

   가. 서설

   앞에서 자세히 살펴본 바와 같이 상여금 세칙상의 지급제외자 규정은 근로기준법과 단체협약에 위반하여 무효임이 분명한바, 지급제외자 규정이 유효임을 전제로 하여 상여금의 통상임금 고정성을 부정한 원심 판결은 그 전제가 성립할 수 없어 근거 없는 위법한 판결로 파기되어야 할 것입니다.

   가사 백보를 양보하여 상여금 세칙상의 지급제외자 규정이 유효하다 하더라도, 지급제외자 규정은 고정성 판단을 위한 추가조건으로 설정된 것이 아니라, 개인적 특수성을 고려한 지급제한사유로 부기된 예외규정일 뿐입니다.

   극소수의 노동자들의 개인적인 특수성에 따라 지급이 제한되는 예외규정이 정상적인 근로관계를 유지하는 절대다수 노동자들의 상여금을 규율하는 일반 규정으로 기능할 수 없다 하겠습니다.

   정상적인 근로관계를 유지해온 노동자들은 소정근로에 해당하는 근무를 하면 근로조건이 완전히 충족되어 그 실 근무에 따라 일할 계산을 해서 상여금도 받고, 퇴직 시에도 역시 일할 계산으로 상여금을 지급받게 되어 있어, 달리 상여금을 지급받기 위한 추가조건을 필요치 않습니다.

즉, 임의의 날 소정근로에 해당하는 근무를 하게 되면 상여금의 지급요건이 완성되어 그 하루의 상여금은 확실히 보장되는 바, 고정적 임금의 본질적 요체인 '지급여부와 지급액'이 사전에 확정되어 있는 것입니다.

그러기 때문에 상여금 세칙도 일반적인 개인적 지급률을 규정하면서"기준기간 내 실근무일수를 기준기간 총 일 수로 나눈 수에 지급률을 곱한 백분율로 한다."는 일할계산 지급원칙을 명시하고 있고, 단지 세칙 말미에 지급제외자라는 표제 하에 '기준기간 내 15일 미만 근무한자'에게는 상여금을 지급하지 않는다는 특별한 예외규정을 둔 것입니다.

따라서 상여금 세칙상의 지급제외자 규정은 정상적인 일반 노동자의 상여금 고정성을 판단하는 근거규정으로 기능할 수 없고, 일단 발생한 상여금을 개인적인 특수성을 근거로 제한하는 예외적인 근거로 기능할 뿐이라 하겠습니다.

지급제외자 규정은 해당 기준기간 동안 정상적인 근로를 제공하였다고 보기 힘들어 임금 성질의 상여금을 지급하는 것이 적당하지 않다고 판단되는 예외적인 경우를 상여금 지급대상에서 제외시키기 위한 특별한 제한규정으로 해석함이 상당합니다.

나. 통상임금의 고정성

1) 법과 판례의 입장

가) 근로기준법에는 통상임금에 관한 정의 규정이 없고, 그 시행령 제6조 제1항에"법과 이 영에서 통상임금이란 근로자에게 정기적이고 일률적으로 소정근로 또는 총 근로에 대하여 지급하기로 정한 시간급 금액, 일급 금액, 주급 금액, 월급 금액 또는 도급 금액을 말한다."고만 규정되어 있어, 위 시행령 규정만으로는 통상임금의 본질적인 성질을 도출하기가 쉽지 않습니다.

따라서 우리 대법원이 구성한 통상임금의 고정성에 대한 개념적인 틀을 토대로 구체적인 사안을 검토하여 통상임금 여부를 가릴 수밖에 없다 하겠습니다.

나) 대법원은 "어떠한 임금이 통상임금에 속하는지 여부는 그 임금이 소정근로의 대가로 근로자에게 지급되는 금품으로서 정기적·일률적·고정적으로 지급되는 것인지를 기준으로 객관적인 성질에 따라 판단하여야 하고, 임금의 명칭이나 지급주기의 장단 등 형식적 기준에 의해 정할 것이 아니다"라고 전제한 후, " 고정성이라 함은 근로자가 제공한 근로에 대하여 업적, 성과 기타의 추가적인 조건과 관계없이 당연히 지급될 것이 확정되어 있는 성질을 말하고, '고정적인 임금'은 '임금의 명칭 여하를 불문하고 임의의 날에 소정근로시간을 근무한 근로자가 그 다음 날 퇴직한다 하더라도 그 하루의 근로에 대한 대가로 당연하고도 확정적으로 지급받게 되는 최소한의 임금'이라고 정의할 수 있다. 고정성을 갖춘 임금은 근로자가 임의의 날에 소정근로를 제공하면 추가적인 조건의 충족 여부와 관계없이 당연히 지급될 것이 예정된 임금이므로, 지급 여부나 지급액이 사전에 확정된 것이라 할 수 있다. 이와 달리 근로자가 소정근로를 제공하더라도 추가적인 조건을 충족하여야 지급되는 임금이나 조건 충족 여부에 따라 지급액이 변동되는 임금 부분은 고정성을 갖춘 것이라고 할 수 없다."는 입장을 밝힌바 있습니다(대법원 2013.12.18. 선고 20 12다89399 전원합의체 판결 참조).

2) 고정성 판단의 실질적 기준

가) 대법원이 판시한바와 같이 '고정성'은 '근로자가 제공한 근로에 대하여 업적, 성과 기타의 추가적인 조건과 관계없이 당연히 지급될 것이 확정되어 있는 성질을 말한다 하겠는바, 고정적 임금의 본질적 요체는 지급여부와 지급액이 사전에 확정되어 있다는 점일 것입니다.

따라서 근로자가 임의의 날 연장·야간·휴일 근로를 제공하는 시점에서 그 지급조건이 성취될지 여부가 불확실하다면 고정성도 결여한 것으로 보아야 하겠지만, 임의의 날 연장·야간·휴일 근로를 제공하는 시점에서 그 지급조건과 지급액이 확정적으로 정해져 있다면 고정성은 인정되어야 할 것입니다.

나) 그런데 통상임금의 개념요소에는 소정근로의 대가라는 실질적 요소와

정기성•일률성•고정성 등의 지급형태상의 요소가 복합적으로 내재해 있는 바, 이중 소정근로의 대가라는 가치적•실질적 요소가 본원적 의미를 지니고, 고정성•일률성 등의 개념적 징표는 이를 보강하는 의미를 지니는 것으로 보아야 할 것이다. 그런 의미에서 소정근로의 대가가 근로의 가치와 적정한 보호라는 통상임금의 목적에 더 근접한 본질적인 요소라고 한다면, 일률성과 고정성은 연장수당 등을 합리적으로 산정하기 위한 기능적 요소라 하겠습니다.

따라서 고정성과 일률성의 요건은 이른바'재직자규정'또는'일정근무일수 조건'이 급여규정 등에 기재되어 있다는 사실 자체만을 따져 기계적으로 판단될 것이 아니라,'그 기재된 임금이 통상근로의 양과 질에 상응하여 지급하기로 된 것인가'라는 실질적•가치적 입장을 전제적으로 고려하면서 해석되어야 할 것입니다. 즉 고정적 임금의 여부는 지급제외자 규정이 존재한다는 형식적인 기준이 아닌, 지급여부나 지급액이 사전에 확정되어 있는지 여부의 실질적인 기준에 의해서 가려져야 할 것입니다.[9]

다) 이상에서 보는 바와 같이 통상임금의 고정성을 판단할 때는 우선 임의의 날 연장·야간·휴일 근로를 제공하는 시점에서 그 임금의 지급조건과 지급액이 확정적으로 정해져 있는지 여부를 단순한 문언의 존재만을 따져 기계적으로 판단하지 않고, 소정근로의 대가라는 가치적• 실질적 요소를 지니고 있는지와 관련지어 규범적으로 판단하는 자세가 필요하다 하겠습니다.

이러한 자세와 함께 근로자의 기본적인 생활보장이라는 통상임금의 존치 목적과 가산임금 등의 산정기준으로서의 통상임금의 기능과 필요성의 조화로운 균형점을 발견하기 위한 또 다른 규범적 여과 작업이 병행되어야 할 것입니다.

대법원 전원합의체 판결이 "어떠한 임금이 고정성을 가지고 있는지는

---

9) 같은 취지, 이철수'통상임금 관련 2013 전원합의체 판결의 의미와 평가' 참조

그 근로계약이나 단체협약 또는 취업규칙 등에서 정한 내용에 따라 판단하여야 하고 근로계약 등에 명시적인 규정이 없거나 그 내용이 불분명한 경우에는 그 임금의 성격이나 지급실태, 관행 등 객관적 사정을 종합적으로 고려하여 판단하여야 할 것이다"고 판시한 것도 이러한 규범적 판단의 중요성을 천명한 것이라 하겠습니다.

따라서 원심이 고정성 내지 고정적 임금 여부를 판단하는데 있어서 15인 미만 근로자에게는 지급대상기간의 상여금을 지급하지 않는다는 지급제외자 규정이 존재한다는 점만을 중시하여 상여금의 고정성을 부정한 것은 형식적이고 편의적인 기준만으로 고정성의 본질을 판단한 것으로 타당하지 않다 하겠습니다.

거듭 말씀드리지만 지급제외자 규정이 추가조건에 관한 규정인지 지급제한 규정인지를 판단하는 것은 단순한 논리나 형식의 문제가 아니며, 근로의 가치에 대한 실질적 판단이 담겨진 규범적인 문제라 하겠습니다.

3) 지급제외자 조건이 고정성 판단에 있어서 추가조건이 될 수 없는 이유

이상에서 살펴 본 통상임금의 고정성에 대한 '법과 판례의 입장'과 '고정성 판단의 실질적 기준' 을 토대로 상여금 세칙상의 지급제외자 규정이 상여금의 고정성 판단의 추가조건인지를 검토해 볼 때, 아래와 같은 이유에서 지급제외자 규정은 고정성 판단의 추가조건이 될 수 없다 하겠습니다.

가) 상여금 세칙의 문언적인 규정형식을 보더라도 지급제외자 규정은 고정성 판단의 추가조건이 될 수 없습니다.

상여금 세칙은'개인적 지급률'이라는 표제하에 일반적인 지급원칙으로 "기준기간 내 실근무일수를 기준기간 총 일 수로 나눈 수에 지급률을 곱한 백분율로 한다."는 일할계산 지급원칙을 명시하고 있고, 단지 세칙 말미에 지급제외자 규정을 두어 일정 근로자에게 개인적 특수성을 고려하여 지급대상기간의 상여금을 지급하지 않는다는 제한적인 예외조항을 두고 있습니다.

즉, 상여금 세칙은 일반적인 개인적 지급률을 규정하면서 '기준기간 내 15일 이상 근무한 노동자들에게 소정근무의 대가로 일할 계산하여 지급한다.'는 적극적 형식으로 규정하지 않고, 세칙 말미에 '기준기간 내 15일 미만 근무한자'에게는 상여금을 지급하지 않는다는 소극적인 형식으로 예외규정을 규정하였는바, 지급제외자 규정은 적극적인 일반조건이 아니고 소극적인 예외 규정으로 말미에 기재했을 뿐입니다.

따라서 우선 상여금 세칙의 규정형식으로 보더라도 지급제외자 규정은 일반적인 지급규정이 아니며, 단지 개인적인 특수성에 따라 15일 근무 미만자에게 지급을 제한하는 예외적인 특별 규정임을 쉽게 알 수 있다 하겠습니다.

나) 원심 판결은 통상임금의 고정성에 관한 본질적 측면에서 살펴보더라도 부당합니다.

통상임금의 고정성에 관한 본질적 측면에서도 상여금 세칙상의 지급제외자 요건은 고정성 판단의 추가적인 조건이 될 수 없다 하겠습니다.

실지금액을 기준으로 하는 평균임금과 달리, 통상임금은 소정근로에 대하여 '지급하기로 정한' 임금액이기 때문에 통상임금에서는 소정근로의 제공이 당연한 전제적 조건이 되는 것입니다.

따라서 일정한 기간 소정근로를 제공하지 아니한 경우를 통상임금 고정성 판단의 추가조건으로 삼을 수는 없다 하겠고, 고정성을 부정하는 추가적인 조건 유무는 소정근로의 제공과는 별도의 다른 조건만을 대상으로 검토해야 할 것입니다.

피고가 추가조건이라고 들고 있는 지급제외자 규정은 판단의 전제가 되는 소정근로를 제공하지 아니한 노동자들에 대하여 피고가 가하는 제재를 근거로 한 것인데, 소정근로를 제공하지 아니한 노동자들에게 어떠한 제재를 규정하고 있다 하더라도, 그러한 사정은 '소정근로를 제공한 노동자에게 확정적으로 지급하는 임금'에 해당하는지 여부를 판단하는 것과는 무관한 것으로서, 이에 관한 판단에 영향을 미칠 수는 없다 하겠습니다. 그러므로 상여금 세칙에서 소정근로를 제공한 노동자에 대하여 일할 계산에 의한 지급의무 및 지급액을 확정적으로 규정하고 있는 이상, 특정기간 동안의 소정근로의 불이행을 들어 다시 추가조건 운운하며 고정성을 논할 수는 없고, 다시 논의하는 추가조건은 소정근로와 관계없는 별도의 조건이어야 할 것입니다.[10]

따라서 대법원 전원합의체 판결이 고정성 판단과 관련하여 추가조건으로 예시한 '업적, 성과 기타의 추가적 조건'에 '15일 미만 근무'는 포함되지 않는다 할 것입니다.

다) 지급제외자 규정을 고정성 판단의 추가조건으로 보지 않는다 하더라도, 통상임금의 도구개념으로서의 기능성에 하등 장애사유가 발생하지 않습니다.

통상임금이 연장수당 등을 산정하기 위한 도구개념이기 때문에 연장 근무를 한 특정시점에서 확정적으로 정해져 있어야 한다는 기능적 요청을 감안하더라도, 그러한 요청이 통상임금의 결정과정에서 어떤 제한적인 예외규정도 허용될 수 없고, 모든 제한이나 부가규정은 고정성의 판단요건인 추가조건으로 받아들여야 한다는 견해는 가능하지도, 타당하지도 않습니다.

상여금과 연장수당 등을 확정하여 지급하는 실제 과정을 살펴볼 때 지급일 내지 특정시점에 통상임금의 개념요소로서 고정성과 관련 상여금의 일부가 미확정상태에 있다 하더라도 상여금의 지급절차에는 별 무리가 생기지 않습니다.

예컨대, 지급대상기간이 2개월에 걸쳐 있는 정기상여금의 경우 우선 처음 달에 연장근로를 한 노동자들에게 일할 계산에 의해 정해진 상여금을 기초로 연장수당을 지급하고, 나중 지급대상기간 종기에 지급제외사유가 발생한 것이 인정되면 그 때 가서 상여금의 지급액을 최종적으로 확정하여 노동자에게 초과지급된 것이 있으면 환불 또는 상계 처리하여 조정하면 될 것입니다. 상여금이 일급으로 정해진 임금이 아니고, 지급제외자규정이 퇴직자와 관계된 규정이 아니라 계속 근무자를 상대로 한

---

10) ○○○통상임금 사건에 대한 울산지방법원 2012가합 10108 판결 11쪽 참조

규정이라는 점을 감안할 때 환급, 공제 등의 처리는 기능적으로 문제될 것이 없다 하겠습니다.

실제지급을 전제로 하는 평균임금과 달리, 지급할 임금으로서 사전적인 개념인 통상임금의 성격을 고려한다면, 특정시점에 일할 계산하여 지급하는 원칙 규정을 두고 예외적으로 지급제외자 규정을 부가시켰다 하더라도 사전에 지급조건이나 지급액이 정해져야 한다는 통상임금의 고정적 징표가 훼손되지는 않을 것입니다.

따라서 전 노동자들에게 상여금을 실 근무에 일수에 따라 일할계산해서 지급한다는 입장을 천명하고, 단지 15일 미만 근로자에 해당하는 개인에게는 상여금을 지급하지 않는 다는 예외규정을 두는 것은 그 규정이 근로기준법상 제95조의 감급의 한계를 초과하지 않는 한 가능하다 하겠습니다.

그리고 이런 규정을 갖는 경우 노동자들이 임의의 날 연장근로를 하기 전 소정근로에 해당하는 근무만 하면 상여금의 지급요건이 완성되는 셈이 되어, 고정적 임금의 본질적 요체인 '지급여부와 지급액'이 사전에 확정되게 됩니다.

그런 의미에서 추가조건의 존재 여부는 통상임금제도를 마련한 근로기분법의 입법취지, 통상임금의 기능 및 필요성, 상여금이 기본금화한 현실의 지급실태, 상여금이 임금 전체에서 차지하는 비중 등 여러 사정을 종합적으로 고려하여 일반 사회통념과 건전한 상식에도 부합하는 판단이 내려져야 한다고 생각합니다.

나아가 문언에 대한 정확한 이해를 전제로 통해 통상임금의 입법취지를 살리는 탄력적인 노력이 요구됩니다.

사실 상여금의 지급에 어떤 부가적인 제한 조건이 있다고 해서 이들 제한 조건을 모두 상여금 지급을 위해 요구되는 추가요건으로서 통상임금의 고정성을 부정하는 장애요인으로 해석한다면, 사용자가 취업규칙 등의 개정을 통해 통상임금의 범위를 부당하게 축소시켜 통상임금의 입법취지까지 몰각시키는 부당한 사태를 야기할 수 있습니다.

라) 극소수의 노동자들에게만 적용되어온 지급제외자 규정에 규범력을 인정할 수 없습니다.

(1) 피고회사 근무 ○○○명 노동자 중 지급제외자 규정을 이유로 상여금을 지급받지 못한 노동자는 촉탁직, 신규입사자 등에서만 소수가 발견되고, 결근만을 근거로 상여금을 지급받지 못한 노동자는 단 한사람도 없습니다.

이렇게 극소수에게만 적용되어 온 지급제외자규정을 아무런 위반사유도 없는 정상적인 근로자에게 확대 적용하여 그들의 상여금에 대한 고정성 요건으로 문제 삼는 것은 정당한 법해석이 될 수 없고 정의와 형평의 이념에도 반하는 것으로 용인될 수 없다 하겠습니다.

원심은 "비록 전체 근로자들 중 소수이긴 하나 피고가 일부 근로자들에 대한 '15일 미만 출근' 등을 이유로 실제 해당 기주기간의 상여금을 지급하지 않은 사실은 인정할 수 있으므로, 상여금 세칙상 지급제외자 규정을 규범력을 상실한 사문화된 규정이라고 단정할 수 없다"고 결론 지었으나, 이러한 판단은 도저히 납득할 수 없는 부당한 결론입니다.

지급제외자 규정이 예외적인 특수한 개인에게 상여금의 지급을 부정하는 규범력을 지니는 것은 별론으로 하고, 절대다수의 전체 노동자들에 있어 상여금의 고정성 부정하는 일반적인 규범력을 가져서는 안 된다고 생각합니다.

따라서 지급제외자 규정을 사문화하여 규범력을 완전히 배제하자는 것이 아니라, 정상적인 전체노동자들에게 확대 적용하지 말아야 한다는 논지는 통상임금제도를 마련한 근로기분법의 입법취지, 통상임금의 기능 및 필요성 등을 고려하더라도 합리적인 해석론이라 하겠습니다.

(2) 피고회사의 경우 무단결근을 소급 1개월 간 5일 이상한 경우, 당해 부서장은 즉시 사규위반 사실을 인사담당 부서장에게 서면으로 통보하게 되어 있고, 인사당담부서장은 감봉이상의 징계에 해당하는 경우 징계위원회에 회부하여 제재를 하기 때문에(취업규칙 제65조, 제69조

참조), 실제로 피고가 상정한 상여금을 지급받지 못할 정도의 결근지각 등이 발생할 개연성 없습니다.

즉 원심은 실제로 발생할 가능성이 없는 사항을 규율하겠다고 하며 지급제외자 규정의 규범성을 고집하여 나아가 통상임금의 고정성을 부정하였는바, 이는 법적 판단을 떠나 상식에도 반하는 납득할 수 없는 처사라 하겠습니다.

마) 지급제외자 규정을 일률성과 고정성의 양면에서 중복적으로 검토하는 것은 부당합니다.

통상임금의 개념적 징표로 정기성·일률성·고정성이 요구되는바, 일률성이 있다고 고정성이 문제되지 않는 것은 아닌바, 고정성은 일률성과 별개의 차원에서 따져 보아야 할 것입니다.

그러나 특정개인의 근무성적 등을 이유로 지급을 제한한 것을 일률성 문제로 따져본 다음, 다시 고정성의 차원에서 재차 따져 볼 논거나 실익이 있는지 의문입니다.

다른 조건들을 고정성의 관점에서 따져보는 것은 좋지만, 지급제외자 규정을 일률성과 고정성의 양면에서 별도로 따져 보는 것은 불필요한 중복적인 방법이며 타당성을 인정할 근거도 없다 하겠습니다.

바) 원심 판결은 대법원 전원합의체 판결의 진의를 오해하고 있습니다.

그동안 학계에서"판례가 지급형태상의 정기성, 일률성의 요소를 탄력적으로 해석하여 통상임금에 포함되는 임금항목이 늘어난 점은 근로자 보호의 견지에서나 임금의 시장신호적 기능에 비추어 법원이 보다 전향적으로 자세를 취하고 있음을 보여 준 것이지만, 아직도'고정성'의 해석과 관련하여 형식적으로 판단하는 듯한 인상을 주는 것은 비판적으로 검토되어야 한다."고 지적하여 왔는데, 최근 선고된 대법원 전원합의체 판결은 이러한 학계의 지적을 그대로 확인시켜 준 감이 있습니다.

사실 전원합의체 판결이 통상임금에 관한 입장을 확고하게 그리고 광범위하게 규정하려 들다 보니, 너무 경직되고 상세하게 판시를 하여, 하급

심으로 하여금 구체적인 사실에 역동적으로 대응하여 구체적 타당성을 이끌어 내게 하는데 오히려 장애요인으로 작용할 수 있다는 우려가 제기되고 있습니다. 전원합의체 판결이 지나치게 전 분야를 망라하여 가드라인을 정함으로써, 당해 사건 이외의 하급심을 필요이상으로 규제하고, 전원합의체 판결에 있어서 반대설의 입장을 탄력성으로 수용하여 정의로운 결론을 도출하는데 부담을 주었다는 지적도 있습니다.

따라서 전원합의체 판결을 따르더라도 이러한 문제점에 대한 깊은 고려를 통해 전원합의체 판결의 취지를 정의롭게 완성하는 보충적 후속 판결이 나와야 할 것인바, 원심은 전원 합의체 판결의 가드라인에 유연한 접근과 해석이 요구되는데도 이런 요구에 제대로 부응하지 못하고 전원합의체 판결을 형식적이고 기계적으로 수용하여 전원합의체 판결의 진정한 취지도 받아들이지 못했다는 비난이 제기되기도 하는 것입니다.

사용자가 임금유연화 전략을 통해 실질적으로 통상임금에 포함되어야 할 임금항목을 변동상여금 형태로 전환하는 경우와 같이, 취업규칙 등의 개정을 통해 사용자의 주관적 의도대로 통상임금의 범위를 불합리하게 축소시킬 우려가 있는바, 이런 의미에서도 지급제외자 규정을 추가조건 판단하는데 있어서는 항시 소정근로의 대가라는 실체적인 요소에 의해 규범적 여과를 받아야 할 것입니다.[11]

다. 결론

가사 상여금 세칙상의 지급제외자 규정이 유효하다 하더라도, 지급제외자 규정은 고정성을 판단하는 추가조건이 될 수 없고, 단지 개인적 특수성을 고려한 예외적인 지급제한사유로 기능할 뿐입니다.

극소수의 노동자들의 개인적인 특수성에 따라 지급이 제한되는 예외규정이 정상적인 근로관계를 유지하는 절대다수 노동자들의 상여금을 규율하는 일반 규정으로 기능할 수는 없다 하겠습니다.

원심이 "소정근로를 제공하는 외에 일정 근무일수의 충족이라는 추가적이고 불

---

11) 같은 취지, 이철수 '통상임금 관련 2013 전원합의체 판결의 의미와 평가' 참조

확실한 조건을 성취하여야 비로소 지급되므로 고정성이 없다"는 전원합의체 판결의 취지를 너무 형식적이고 기계적으로 수용하여, 상여금 세칙상의 지급제외자 규정을 무조건적인 고정성 판단의 추가조건으로 본 것은 명백히 통상임금의 고정성 판단의 법리를 위배한 것으로 파기되어야 할 것입니다.

대법원 전원합의체 판결이 고정성 판단과 관련하여 추가조건으로 예시한'업적, 성과 기타의 추가적 조건'에'15일 미만 근무'는 포함되지 않는다 할 것입니다.

상여금 세칙상의 지급제외자 규정은 정상적인 일반 노동자의 상여금 고정성을 판단하는 근거규정으로 기능할 수 없고, 단시 일단 발생한 상여금을 개인적인 특수성을 근거로 제한하는 예외적인 근거로 기능할 수 있을 뿐이라 하겠습니다.

결론적으로 제1심 판결은 소정근로의 대가라는 가치적•실질적 요소를 간과한 채 지급형태상의 개념적 징표만을 강조하여 고정성을 형식적이고 기계적으로 판단함으로써, 정의와 형평에 반하는 법해석을 하고 대법원 전원합의체 판결이 갖는 진정한 의미까지 몰각시키고 말았다 하겠습니다.

4. 기각된 ○○○청구부분과 관련하여

가. 기각부분 관련 제1심 판결의 요지

원심은 휴일근로수당·연차휴가수당과 관련하여 "원고 ○○○ 등은 해당 수당의 청구와 관련하여 매월의 휴일근로시간 합계와 ○○○○년도에 발생한 전체휴가 중 미사용 휴가일수만을 기재하였을 뿐, 휴일근로수당과 관련하여서는 특정 휴일에 이루어진 구체적인 근로시간수와 그 시간대, 연차휴가수당과 관련하여서는 전체 휴가일수 및 기 사용 휴가일수의 내역, 수당 지급의 기초로 삼은 이른바 '2시급' 자체의 산정근거 등에 대하여는 구체적으로 언급하지 않고 있으며, 갑제2호증, 을제1호증의 기재 등을 살펴보아도 위와 같은 내역을 확인할 길이 없다"는 이유로 청구를 기각하고,

한편 고정연장수당과 관련하여 "월급제 근로자들인 원고의 경우, 매월 실제의 연장근무시간과는 무관하게 일정 비율로 산정한 연장수당을 피고로부터 지급받아 왔는데, 그들이 업무특성상 시간 또는 일단위의 연장근로시간의 측정이

곤란하다는 이유 등을 들어 연장수당 명목의 금여를 고정금액으로 정하여 매월 지급하였음을 알 수 있으나,

그들이 실제로 연장근로 한 매월의 시간수가 확인되지 않는 이상, 정액으로 수령한 연장수당액과 근로기준법에 따라 산정될 법정 연장수당액을 비교하여 근로기준법 위배 여부 및 그 범위를 따지는 것은 사실상 가능하지 않다"는 취지의 판단을 하여 청구를 기각하였습니다.

나. 대법원 판례의 입장

대법원은 "손해배상청구소송에서 재산적 손해의 발생 사실은 인정되나 구체적인 손해의 액수를 증명하는 것이 사안의 성질상 곤란한 경우, 법원은 증거조사의 결과와 변론 전체의 취지에 의하여 밝혀진 당사자들 사이의 관계, 손해가 발생하게 된 경위, 손해의 성격, 손해가 발생한 이후의 여러 정황 등 관련된 모든 간접사실들을 종합하여 손해의 액수를 판단할 수 있고(대법원 2004. 6. 24. 선고 2002다6951, 6968 판결 참조), 손해배상책임이 인정되는 때에는 손해액에 관한 증명이 없거나 부족하다고 하더라도 그 청구를 배척할 것이 아니라 석명권을 행사하여 손해액을 심리·판단하여야 하며, 특히 장래의 얻을 수 있었던 이익에 관한 증명에 있어서는 그 증명도를 과거사실에 대한 증명에 있어서의 증명도보다 경감하여 채권자가 현실적으로 얻을 수 있는 구체적이고 확실한 이익의 증명이 아니라 합리성과 객관성을 잃지 않는 범위 내에서의 상당한 개연성이 있는 이익의 증명으로서 족하다고 보아야 한다"고 판시하였습니다.(대법원 2013. 05. 24. 선고 2012다39769 판결 참조).

다. 원심판결의 부당성과 원고들의 입장

1) 위 대법원 판결은 손해배상액을 산정하는 것과 관련된 것이나, 부당이득반환금을 산정할 경우에도 따를 수 있는 사실인정의 방법을 제시하였다 하겠는바, 이 사건의 부당이득반환금도 위 대법원 판결이 판시한 방법으로 산정이 가능하다 하겠습니다.

2) 원고의 부당이득반환금의 산정은 위 원고의 기존계산 방법을 보다 구체적으로 적시하여 주장하든지, 계산방법을 달리하여 주장하면, 위 대법원 판결이

판시한 방법으로 능히 판단할 수있는 문제라고 생각되는바, 원심은 피고의 미지급임금에 대한 지급책임이 밝혀진 이상 그 임금액에 관한 증명이 없거나 부족하다고 하더라도 그 청구를 배척할 것이 아니라 석명권을 행사하여 임금액을 심리·판단하여야 했고, 끝내 입증이 충분치 않을 경우 위 대법원 판결처럼 간접사실 등 을 종합하여 판단하는 등 달리 지급책임을 묻는 방법이 있었다 하겠는바, 원심은 이 점과 관련하여 채증법칙 위배, 심리미진 등의 책임을 면할 수 없다고 생각합니다.

5. 신의성실 원칙 위배 주장에 대하여

가. "중대한 경영상의 어려움을 초래하거나 기업의 존립을 위태롭게 한 경우"라는 특별요건의 진정한 의미

1) 전원합의체판결은 근로기준법의 강행규정성에도 불구하고 신의칙을 우선하여 적용할 만한 수긍할 만한 특별한 사정이 있는 예외적인 경우에 한하여 신의칙 적용을 허용하다고 하면서 그 특별요건으로 '중대한 경영상의 어려움을 초래하거나 기업의 존립을 위태롭게 한 경우' 을 들고 있는바, 그 특별요건에 관한 전원합의체판결의 취지를 구체적인 사안에 어떻게 해석·적용할 것인가가 신의칙 적용 여부를 판단하는데 있어서 핵심적인 요체가 된다 하겠습니다.

2) 전원합의체판결은 신의칙을 적용할 수 있는 특별요건으로 "중대한 경영상의 어려움을 초래하거나 기업의 존립을 위태롭게 한 경우"라는 두 가지 경우를 병렬적인 방식으로 표기하였습니다. 이러한 표현방식과 관련하여 '중대한 경영상의 어려움 초래'만을 특별요건으로 보고 '기업의 존립을 위태롭게 한 경우'는 그 한 예시로 보는 해석론도 있을 수 있겠으나, 이는 다음과 같은 이유에서 부당하다 하겠습니다.

위 판결이 특별요건을 기술하면서, 앞부분에서 전제적으로 "기업의 지속적인 존립과 성장은 노사 양측이 다 같이 추구하여야 할 공동의 목표이므로 기업 재정에 심대한 타격을 주어 경영상 어려움을 초래하거나 기업의 존립기반에 영향을 주면서까지 임금을 인상할 수는 없는 것이다"라는 취지

를 천명하고, 다시 뒷부분에서 "예측하지 못하였던 재정적 부담을 지게 되고, 그로 인하여 중대한 경영상의 어려움을 겪거나 기업의 존립 자체가 흔들리는 상황에 놓이게 될 수 있다. 이는 근로환경이나 근로조건에 부정적인 영향을 미치고, 기업의 재정적 파탄으로 이어져 일자리의 터전을 상실할 위험도 초래하는 등 노사 양쪽 모두에게 피해가 갈 수 있다"라고 부언하여 표기한 점으로 미루어보아, '기업의 존립을 위태롭게 한 경우'는 '중대한 경영상의 어려움 초래'의 단순한 예로 든 것이 아니라 그 존부를 판단하는데 반드시 요구되는 필수·본질적인 속성을 나타낸 것으로 보아야 할 것입니다.

바꾸어 말하면 '기업의 존립을 위태롭게 할 정도'는 '중대한 경영상의 어려움 초래'를 판단하는 필수적이고도 본질적인 개념적 요소로 보아야 한다는 것입니다.

따라서 전원합의체판결이 위 두 경우를 합쳐 '기업의 존립을 위태롭게 할 정도의 중대한 경영상의 어려움'을 특별요건으로 보고 있다고 해석하는 것이 합리적이고 타당한 해석론이라 하겠습니다.

3) 그리고 전원합의체판결의 기본 입장은 존중되어야 하겠지만, 개개의 사안을 판단할 때 소수설이 우려하는 입장도 고려되어 균형 있는 판단이 이루어져야 한다고 생각합니다.

소수설이 역설하고 있는 "실정법 개별 조항에 의하여 명백히 인정되는 권리·의무의 내용을 신의칙을 이유로 변경하는 것은 법체계에 심각한 혼란을 초래하여 법의 권위와 법적 안정성에 큰 위협이 될 수 있다. 신의칙을 적용하여 그와 같은 실정법상의 권리를 제한하는 것은, 개별적인 사안의 특수성 때문에 법률을 그대로 적용하면 도저히 참을 수 없는 부당한 결과가 야기되는 경우에 최후의 수단으로, 그것도 법의 정신이나 입법자의 결단과 모순되지 않는 범위 안에서만 고려해 볼 수 있는 방안에 불과하다"라는 주장은 언제나 판단의 한 준칙으로 존중되어야 할 것입니다.

나. 특별요건에 대한 규범적 해석의 필요성

1) 피고는 '중대한 경영상의 어려움을 판단함에 있어서, 통상임금 액수의 상승, 사용자가 추가로 부담하게 될 법정수당액, 당초 합의한 임금상승률를 상회하는 실질임금상승률 등 양적 사실만을 고려해야 한다고' 주장합니다.

그러나 기업의 존립을 위태롭게 할 정도의 '중대한 경영상의 어려움 초래'를 판단하기 위해서는 피고가 부담하게 될 추가 법정수당액, 전년도 대비 실질임금 인상률 등만을 검토해서는 안 되며, 추가 법정수당 부담액이 당해 연도 당기순이익에서 차지하는 비중은 물론 이에 관한 과거 수년간의 평균치도 아울러 검토해야 하고, 나아가 임금이 매출액에서 차지하는 비율, 연결재무제표를 기준한 기업의 실질적인 재정상태, 현금성 자산 등의 보유 규모, 기업의 중단기적인 성장가능성, 해당 업종의 시장상황 및 현재 피고가 갖고 있는 국내외 투자계획까지 종합적으로 검토하여 판단하여야 할 것입니다.

2) 그런 의미에서 위 특별요건의 판단문제는 단순히 몇 가지 양적 사실을 기초한 사실판단의 문제가 아니라, 여러 가지 질적, 가치적 요소도 종합하여 타당성을 판단해야 하는 규범적 판단 내지 사실 관계적 규범판단의 문제라 하겠습니다.

따라서 구체적인 사안을 판단할 때는, 전원합의체판결이 명시한바와 같이 "정의와 형평 관념에 비추어 신의에 현저히 반하고 도저히 용인될 수 없는 정도"에까지 이르렀다고 볼 수 있는지를 기준으로 회사 존립의 가능성을 단순한 사실관계가 아니 규범적 입장에서 신중하게 검토·판단하여야 할 것이며, 헌법정신과 근로기준법의 입법목적과 모순되지 않는 범위 내에서 수용해야 한다는 내재적 한계가 있음도 언제나 염두에 두어야 할 것입니다.

만일 피고회사가 추가 임금지불로 기업의 존립이 위태로울 중대한 경영상의 어려움에 처할 수 있다는 판단을 받는 다면, 우리나라 다른 회사 중 신의칙 위배의 주장을 피해갈 회사는 사실상 존재하기 어려울 것입니다.

한마디로 말씀드려 피고회사는 추가 임금지불로 존립의 위태로움에 처할

회사가 아닌바, 피고의 신의칙 위배 주장은 더 나아가 살펴볼 필요 없이 부당하다 하겠습니다.

6. 총결론

15일 미만 근무자에게는 상여금을 지급하지 않는다는 상여금 세칙상의 '지급제외자 규정'은 강행규정인 근로기준법 제96(단체협약의 준수) 제94조(규칙의 작성 및 변경절차), 제95조 (제재규정의 제한), 노동조합 및 노동관계조정법 제33조(기준의 효력)에 위배한 것으로 무효임이 분명하다 하겠습니다.

따라서 지급제외자 규정이 유효함을 전제로 이를 통상임금의 고정성 부정의 근거로 삼은 원심 판결은 부당함을 면할 수 없다 하겠습니다.

"취업규칙은 노사 간의 집단적인 법률관계를 규정하는 법규범의 성격을 갖는 것이므로 명확한 증거가 없는 한 그 문언의 객관적 의미를 존중하는 해석을 하여야 하고, 객관적 의미를 넘는 해석을 할 때에는 신중하고 엄격하여야 할 것이다"(대법원 2014.06.12.선고 2013두25382 판결 참조)라는 대법원 판례 입장만 충실하게 지켜진다 하더라도, 원심이 단체협약과 상여금 세칙 간의 법해석을 얼마나 자의적이며 편파적으로 했는지는 쉽게 들어날 것으로 보입니다.

아무쪼록 원고의 청구를 인용하는 판결을 기대합니다.

○○○○년 ○○ 월 ○○ 일

위 항소인(원고) : ○ ○ ○(인)

울산지법 민사2부 귀중

(4)민사항소 - 항소이유서 원고의 주장에 대응하여 피고가 항소를 제기하여 반박주장
하고 기각청구 항소이유서

항 소 이 유 서

사건번호:○○○○나○○○○호소유권이전등기

원고(피항소인):○○○

피고(항 소 인):○○○

○○○○ 년 ○○ 월 ○○ 일

위 피고(항소인) : ○ ○ ○(인)

광주지방법원 귀중

항 소 이 유 서

사건번호:○○○○나○○○○호소유권이전등기

원고(피항소인):○○○

피고(항 소 인):○○○

위 사건에 대하여 피고(항소인)는 다음과 같이 항소이유를 제출합니다.

- 다 음 -

1. 원고의 주장에 대하여

원고는 ○○○○. ○○. ○○. 소외 망 ○○○와 매매계약을 체결하여 금 ○,○○○만원을 매매대금으로 지급하고 같은 해 ○○. ○○.이 사건 부동산에 대하여 형식상 ○○○○. ○○. ○○.을 매매완결일자로 하여 별도의 의사표시 없이 위 기간이 되면 매매가 완결된 것으로 보기로 하였다고 주장하고 있습니다.

그러나 다음과 같은 점에서 원고의 주장은 사실이 아닙니다.

가. 을 제3호증 내용증명서의 내용

원고가 ○○○○. ○○. ○○. 이 사건 소를 제기하기 불과 1달 전에 원고명의로 피고들에게 보낸 내용통고문의 내용에 의하면 원고는 ○○○○. ○○. ○○. 소외 망 ○○○에게 금 ○,○○○만원을 변제기를 같은 해 ○○. ○○.로 정하여 대여하고 위 대여금채권의 담보가등기로 이 사건 부동산에 대하여 소유권이전등기청구권의 가등기(다음부터 "가등기"라고만 줄여 쓰겠습니다)를 하였다고 주장하고 있습니다.

이 사건의 중요한 쟁점인 위 가등기는 원고와 소외 망 ○○○ 사이에서 발생한 것으로 소외 망 ○○○가 사망한 현재 그 내막을 정확히 아는 사람은 원고 외에는 없습니다.

위 내용증명에 의하면 원고는 소장 기재상의 매매와는 달리 명백하게 소외 망 ○○○에게 금 ○,○○○만원을 대여하였다고 주장하고 있으며 이는 법률의 무지나 잘못된 기억으로 인한 착오라고 볼 수 없는 중대한 차이입니다.

원고가 매매와 대여를 구별하지 못하여 위 내용증명에 금 ○,○○○만원을 대여하였다고 주장한 것으로 볼 수는 없는 것입니다. 이와 같이 위 가등기에 대하여 가장 잘 알고 있는 원고 스스로가 소를 제기하기 불과 1개월 전에 소장 기재 내용과 상반되는 주장을 스스로 한 것입니다.

그리고 내용통고의 주장과 같이 원고가 금 ○,○○○만원을 대여하였다고 인정할 경우에도 다음과 같은 의문이 남습니다. 원고의 내용통고에도 이자에 대한 언급이 전혀 없습니다.

담보를 위해 부동산소유권이전등기청구권의 가등기까지 할 정도의 상황에서 제대로 된 차용증을 작성하지 않고 영수증만 작성하고, 이자도 정하지 않았다는 것도 매우 의문스럽습니다. 이는 원고가 소외 망 ○○○의 인감을 위조하여 위 가등기를 마쳤을 가능성이 매우 높음을 보여준다고 판단됩니다.

나. 가등기의 이유

원고는 ○○○○. ○○. ○○. 매매계약을 체결하고 매매대금 ○,○○○만원을 모두 지불한 뒤인 같은 해 ○○. ○○.에 가등기를 하였다고 주장하고 있습니다.

매매대금을 모두 지급하고 10일 지난 뒤에 부동산소유권이전의 본등기도 아닌 가등기를 하였다는 것은 경험칙상 극히 이례적인 것입니다.

원고는 주민등록지가 서울로 되어 있어 등기이전에 제한이 있었다고 주장하나, 소외 망 ○○○도 원고가 가등기하기 불과 1개월 전에 부근으로 주민등록을 이전하여 등기를 마친 상태에서 원고가 이러한 방법을 몰랐다는 것은 납득하기 힘든 사유입니다.

그리고 만약 원고가 위와 같이 등기이전 하는 방법을 몰랐다면 왜 본등기도 하지 못하는 상황에서 매매대금 전액을 미리 지불하였는지도 경험칙상 납득하기 힘든 일입니다.

다. 가등기 후의 원고의 행동

소외 망 ○○○는 ○○○○. ○○. ○○. 사망하였고 피고들은 다음해. ○○. ○○. 상속을 원인으로 이 사건 토지에 대하여 소유권이전등기를 마쳤습니다.

결국 원고의 주장을 사실대로 받아들인다면 원고는 본등기를 할 수 있음에도 가등기만을 해 둔 채 매매대금을 모두 지급하고, 매매계약의 당사자가 죽고 4년이 지나서야 상속인들을 상대로 소유권이전등기를 청구하고 있는 것입니다.

더욱이 피고들의 어머니인 소외 ○○○와 소외 망 ○○○의 형제들은 극도로 적대적인 관계였습니다. 그러한 와중에 문제의 소지가 충분한 위 토지에 대하여 소외 망 ○○○가 사망하고 피고들이 위 토지를 상속하고 4년이나 지나서 소멸시효기간이 거의 다 되어 가서야 소를 제기한 원고의 행동은 납득하기가 힘든 것입니다.

원고는 미리 매매대금 전액을 지급하고서 왜 10년 동안이나 소유권이전등기청구를 하지 않았는지 소명해야 할 것입니다.

라. 소외 망 ○○○의 재산상태

소외 망 ○○○는 ○○○○. ○○. ○○. 전라남도 강진군 ○면○○로 ○○ 대지와 위 지상 건물을 금 ○,○○○만원에 매도하여 위 대금을 모두 소유하고 있었습니다.

소외 망 ○○○가 이 사건 부동산의 등기를 마친 것은 ○○○○. ○○. ○○.이고 원고 앞으로 가등기 한 것은 같은 해 ○○. ○○.입니다.

원고 주장에 의하면 매매계약은 ○○○○. ○○. ○○.에 체결하고 받았다는 주장입니다.

원고의 주장대로라면 소외 망 ○○○는 특별한 이유 없이 자신 명의로 등기한 땅을 불과 10일 만에 팔아버린 것입니다. 소외 ○○○는 제1심 법정에서 식당을 하기 위하여 위 토지를 매도하였다고 증언하나, 그러한 계획이 있었다면 이 사건 토지를 살 이유도 없었을 것입니다.

그리고 실제로 소외 망 ○○○는 ○○○○. ○○. ○○. 이후에 식당을 운영한 사실도 없습니다.

결국 소외 망 ○○○는 이 사건 토지를 불과 10일 만에 매도할 만큼 갑자기 자금이 필요한 사유가 없었던 것입니다.

더욱이 원고에게 유리한 취지의 증언을 한 소외 ○○○는 제1심 법정에서 원고가 ○○○○. ○○. ○○. 금 ○,○○○만원을 주고 나머지 금 ○,○○○만원을 같은 해 ○○. ○○.에 주었다고 증언하였습니다.

소외 ○○○의 증언대로라면 원고가 ○○. ○○. 자신의 명의로 등기를 하고 거의 2 ~ 3일 만에 특별한 사정없이 위 토지를 매도하기로 결심했다는 것이 되며 이는 극히 이례적인 경우라 판단됩니다.

마. 갑 제3호증 영수증에 대하여

원고가 제출한 매매예약계약서와 영수증 등의 서류에서 소외 망 ○○○의 자필은 전혀 없습니다.

특히 영수증의 경우 원고의 주장대로 실제 원고에서 소외 망 ○○○에게로 돈이 건네졌다면 소외 망 ○○○가 작성하는 것이 당연함에도 소외 ○○○의 증언과 원고의 주장에 의하면 원고가 소외 망 ○○○의 이름까지 직접 쓰고 소외 ○○○는 자신의 도장만 찍었다는 것이 됩니다.

더욱이 간판글씨를 쓸 정도로 글을 잘 쓰는 소외 망 ○○○가 굳이 영수증을 원고에게 대필시킬 이유가 전혀 없는 것입니다.(을 제13호증 명함)

그리고 제1심 법원에서의 감정결과에 의하면"갑 제3호증 문서는 근간 작성문서는 아닌 것으로 판단되나, ○○○○년 작성문서로 추정하기에는 별지 실험사진에서 보이는 것처럼 약간 미흡한 점이 있었음"이라고 되어 있고 감정인의 답변서 3항에 의하면 근간을 4 내지 5년으로 판단하고 있습니다.

위 감정결과에 의하더라도 위 영수증이 ○○○○년에 작성되었다는 원고주장을 의심하기에 충분하다고 판단됩니다.

그리고 소외 ○○○는 원고가 소외 망 ○○○에게 ○○○○. ○○. 중순경 금 ○,○○○만원을 주고 같은 해 ○○. ○○. 금 ○,○○○만원을 주었다고 증언하였습니다.

영수증은 돈을 받는 사람이 돈을 받음과 동시에 그 자리에서 교부하는 돈을 준 사람에게 교부하는 것이 일반적입니다. 그럼에도 소외 ○○○의 증언에 의하면 원고는 처음에 금 ○,○○○만원을 받을 때는 아무런 영수증도 써 주지 않다가 열흘이 지나 금 ○,○○○만원을 더 받을 때 한꺼번에 금 ○,○○○만원의 영수증을 써주었다는 것이 되면 이 역시 경험칙에 비추어 볼 때 믿기 힘든 주장이라고 판단됩니다.

2. 원심법원의 판단에 대하여

원심에서는 피고들의 위조항변에 대하여는 이를 인정할 증거가 전혀 없고, 담보가등기 주장에 대하여는 갑 제3호증 영수증과 을 제5호증 소외 ○○○가 작성한 사실확인서, 증인 소외 ○○○의 증언에 비추어 믿기 어렵다고 판단하고 있습니다.

가. 을 제5호증 소외 ○○○ 작성의 확인서에 대하여

먼저 영수증과 소외 ○○○ 증언의 신빙성 문제는 논외로 하더라도 소외 ○○○ 작성의 확인서는 피고의 주장을 배척하는 증거로 사용될 수 없다고 판단됩니다.

위 확인서의 취지는 원고가 소외 망 ○○○가 토지 매매대금 ○,○○○만원을 보관하면서 소외 망 ○○○의 허락 없이 소외 망 ○○○의 인감 등을 위조하여 이 사건 토지를 매입하고 아무런 권리관계가 없이 자신의 명의로 소유권이전등기의 가등기를 마쳤다는 취지이므로, 위 가등기가 위조되지 않았다 하더라도 담보가등기이므로 청산절차를 거쳐야 한다는 피고들의 주장을 배척하는 취지의 증거로 사용될 수는 없다고 판단됩니다.

나. 소외 ○○○의 증언에 대하여

피고들의 어머니인 소외 ○○○와 소외 망 ○○○는 ○○○○년 이혼하였으며 위 이혼에서는 소외 ○○○와 소외 망 ○○○의 가족사이의 불화가 큰 역할을 했습니다.

이혼당시 자녀들을 모두 소외 ○○○가 양육하기로 하였고 결혼당시의 재산형성과정에서도 소외 ○○○의 역할이 더 컸음에도 모든 재산은 남편인 소외 망 ○

○○의 명의로 되어 있었고 소외 망 ○○○는 양육비를 전혀 주지 않았습니다.

○○○○. ○○. ○○. 소외 망 ○○○는 양심의 가책을 느껴 전라남도 강진군 ○면 ○○로 소재 토지를 금 ○,○○○만원에 팔아 소외 ○○○에게 양육비 등으로 주려하였으나 소외 망 ○○○의 형제들은 이미 이혼하여 남남인 소외 ○○○에게 돈을 줄 필요가 없다며 이를 반대하였고 위 과정에서 소외 망 ○○○의 친척인 원고가 위 토지대금을 마음대로 처분한 것입니다.

결국 이 사건은 소외 망 ○○○의 재산을 놓고 소외 ○○○와 소외 망 ○○○의 친척들이 재산다툼을 하는 과정에서 불거진 것으로 소외 ○○○ 역시 소외 망 ○○○의 재산을 두고 소외 ○○○와 첨예하게 이해관계가 대립하고 있습니다.

따라서 위와 같이 직접적인 이해관계인인 소외 ○○○의 증언은 신빙성이 떨어진다고 판단됩니다.

다. 을 제12호증 녹취서

소외 망 ○○○와 소외 ○○○가 대화한 내용의 녹취서(갑 제12호증) 1면에 의하면 소외 망 ○○○는 원고가 자기도 모르게 땅을 사서 자신은 그 땅이 어디에 있는지도 모른다고 진술한 부분이 있습니다.

이는 피고들의 위조주장을 뒷받침하는 유력한 증거라고 판단됩니다.

3. 결론

이 사건은 원고명의의 소유권이전등기청구권의 가등기가 소외 망 ○○○의 진정한 의사에 의하여 이루어졌는지, 영수증과 매매예약계약서의 소외 망 ○○○ 명의가 진정하게 이루어진 것인지가 중요한 쟁점이라고 판단됩니다.

그러나 현재 소외 망 ○○○이 사망하였으므로 유일한 당사자인 원고의 주장과 당시의 정황으로 원고주장의 타당성을 판단할 수밖에 없는 상황에서 전술한 바와 같이 원고의 주장대로 재구성한 사실관계에는 상식적으로 납득할 수 없고 거래의 관행이나 경험칙에 반하는 부분이 너무나 많으며 원고가 소외 망 ○○○의 인감도장 등을 보관함을 기화로 소외 망 ○○○의 동의 없이 이 사건 토지에 대하여 원고

명의로 소유권이전등기청구권의 가등기를 마쳤다고 판단됩니다.

더욱이 원고는 스스로가 이 사건 소를 제기하기 한 달 전에 명백히 자신이 소외 망 ○○○에게 금 ○,○○○만원을 대여하였다고 주장한 바 있습니다. 따라서 가사 피고들의 위조항변이 인정되지 않는다고 하더라도 이 사건 토지에 대한 가등기는 담보가등기임이 명백하므로 피고들에 대한 실행의 통지와 청산절차 등을 거치지 않은 원고의 피고들에 대한 소유권이전등기청구는 기각되어야 합니다.

소 명 자 료 및 첨 부 서 류

1. 을 제1호증사실확인서

1. 을 제2호증매매계약서

1. 을 제3호증녹취서

1. 을 제4호증영수증

○○○○ 년 ○○ 월 ○○ 일

위 피고(항소인) : ○ ○ ○(인)

주지방법원 귀중

(5)민사항소 - 항소이유서 피고가 원심 판결의 불복으로 항소를 제기하고 원고의 청
      구를 기각해 달라는 항소이유서

항 소 이 유 서

사건번호:○○○○나○○○○호대여금

원고(피항소인):○○○

피고(항 소 인):○○○

          ○○○○ 년 ○○ 월 ○○ 일

                              위 피고(항소인) : ○ ○ ○(인)

동부지법제2민사부 귀중

항 소 이 유 서

사건번호:○○○나○○○○호대여금

원고(피항소인):○○○

피고(항 소 인):○○○

위 사건에 대하여 피고(항소인)는 다음과 같이 항소이유를 개진합니다.

- 다 음 -

1. 제1심 판결에 대한 불복 범위

주문 모두에 대하여 불복하므로 원고(피항소인)의 청구를 기각하여 주시기 바랍니다.

2. 불복이유

가, 원심은 원고(피항소인, 다음부터 "원고"라고만 하겠습니다)와 피고(항소인, 다음부터 "피고"라고만 줄여 쓰겠습니다)가 갑제1호증의 현금보관증(이하 앞으로는 "현금보관증"이라고 합니다)을 작성하여 원고에게 교부한 사실만 인정하고, 피고에게 금 5,000만원을 지급하라는 판결을 내렸으나, 피고는 현금보관증을 작성해 원고에게 교부한 사실은 있으나, 이는 어디까지나 원고가 소외 주식회사 ○○디앤씨(이하 "○○디앤씨"라고 하겠습니다)를 통해 부동산개발업체에 투자한 투자금인데 피고가 주선을 하면서 보관한다는 의미에서 작성하였을 뿐임에도 원심은 차용증으로 판단한 잘못이 있습니다.

나, 따라서 원고는 ○○디앤씨를 통하여 부동산개발업체에 투자한 것인데 피고가 ○○디앤씨에게 원고를 주선한 것뿐이고 원고 역시 위 투자금을 피고에게 보관한 사실도 없고 피고에게 투자금을 송금한 것도 아니고 투자금은 모두 ○○

디앤씨의 법인 통장으로 입금하는 등 투자한 것으로서 피고와는 아무런 관련이 없음에도 원심에서는 피고가 이를 적극적으로 부인하고 경천디앤씨로부터 원고가 청구해야 한다고 하였으나 원심에서는 피고의 주장을 배척하고 판단한 잘못이 있습니다.

다, 원고는 투자의 목적으로 ○○디앤씨에게 송금하고 부동산개발업체에 투자한 어디까지나 투자금으로서 피고가 투자금을 보관한다는 보관증을 작성 교부하였다 하더라도 청구할 수 있는 금액이 아니라고 ○○디앤씨의 대표이사 ○○○의 사실확인서에도 밝혀지고 있음에도 원심은 심리미진으로 오인 판단한 잘못이 있습니다.

라, 이에 원고는 ○○디앤씨에게 투자하기로 하고 송금한 투자금을 ○○디앤씨가 부동산개발업체에 투자하고 이들로부터 원고가 투자금 중 1,500만원도 직접 수령하는 등 여러 정황에서도 투자금이라는 사실과 원고의 투자금에 대한 채무를 부담하는 자가 ○○디앤씨와 부동산개발업체라는 사실 또한 밝혀지고 있음에도 원심은 투자금의 실체를 밝히지도 않고 피고가 현금보관증을 작성하여 교부하였다는 사실만 인용하여 오인 판단한 잘못이 있습니다.

3. 결어

피고는 ○○디앤씨가 부동산개발업체에게 투자할 금액을 원고에게 주선하고 원고가 ○○디앤씨에 투자금을 송금한 사실을 확인하면서 현금보관증을 작성해 교부한 것이고 ○○디앤씨가 원고의 투자금을 부동산개발업체에게 투자한 사실을 원고의 승낙에 의하여 투자한 것이고 후일 투자금의 반환도 원고가 부동산개발업체로부터 직접 1,50 0만원을 지급받은 사실만 비추어 보더라도 원고의 투자금은 피고가 아닌 원고가 투자금을 직접 송금하고 원고의 승낙에 의하여 ○○디앤씨가 부동산개발업체에게 투자한 이상 이들을 상대로 청구하여야 하므로 원고의 청구는 기각되어야 마땅합니다.

원고가 투자한 것도 원고가 스스로 판단하고 ○○디앤씨에 투자한 것이고 투자금의 반환도 원고가 스스로 ○○디앤씨를 상대로 반환받아야 하지 투자를 주선만 하

였던 피고가 원고의 투자금 손실금내지는 원금까지 책임져야할 의무는 없다할 것
이므로 원고의 청구는 더 나아가 이유가 없는 것이라 기각되어야 할 것입니다.

소 명 자 료 및 첨 부 서 류

1. 을제1호증사실확인서

1. 을제2호증인증서

○○○○ 년 ○○ 월 ○○ 일

위 피고(항소인) : ○ ○ ○(인)

동부지법제2민사부귀중

(6)민사항소 - 추완 항소장 대여금 주민등록말소 공시송달 판결이 확정되어 소멸시효
가 완성 기각청구 추완 항소장

추 완 항 소 장

사건번호:○○○○가단○○○○호대여금

원고(피항소인):○○○

피고(항 소 인):○○○

소송물 가액금	금	34,000,000 원
첨부할 인지액	금	237,000 원
첨부한 인지액	금	237,000 원
납부한 송달료	금	124,800 원
비 고		

창원지방법원 거창지원 귀중

추 완 항 소 장

1. 원고(피항소인)

성 명	○ ○ ○	주민등록번호	생략
주 소	경상남도 진주시 ○○로 ○○, ○○○-○○○○호		
직 업	무직	사무실 주 소	생략
전 화	(휴대폰) 010 - 2345 - 0000		
기타사항	이 사건 피항소인 겸 원고입니다.		

2. 피고(항소인)

성 명	○ ○ ○	주민등록번호	생략
주 소	경상남도 함양군 서상면 ○○로 ○○, ○○○호		
직 업	상업	사무실 주 소	생략
전 화	(휴대폰) 010 - 2123 - 0000		
기타사항	이 사건 항소인 겸 피고입니다.		

3. 대여금 청구사건의 추완항소

위 당사자 간 창원지방법원 거창지원 ○○○○가단○○○○호 대여금 청구사건에 관하여 같은 법원에서 ○○○○. ○○. ○○. 판결선고 하였는바, 항소인(피고)은 위 판결에 전부불복하고 다음과 같이 항소를 제기합니다.

원심판결의 표시

1. 피고는 원고에게 금 34,000,000원 및 이에 대하여 ○○○○. ○○. ○○.부터 ○○○○. ○○. ○○.까지는 연 5%의, 그 다음날부터 다 갚는 날까지는 연 20%의 각 비율에 의한 돈을 지급하라.

2. 소송비용은 피고의 부담으로 한다.

3. 위 제1항은 가집행 할 수 있다.

항 소 취 지

1. 원심판결을 취소한다.

2. 원고의 청구를 모두 기각한다.

3. 소송비용은 제1, 2심 모두 원고의 부담으로 한다.

라는 판결을 구합니다.

소송행위 추완에 관한 주장

1. 원심판결은 ○○○○. ○○. ○○.에 공시송달의 방법에 의하여 ○○○○. ○○. ○○.에 항소인(피고)에게 송달된 것으로서 송달의 효력이 발생되어 ○○○○○. ○○. ○○.에 형식상 확정되었습니다.

2. 그런데 항소인(피고)는 제1심 법원으로부터 항소인(피고)의 주소지인 경상남도 함양군 서상면 ○○로 ○○○,에서 이 사건 소장 부본 및 최초의 변론기일소환장이 폐문부재 등으로 송달이 되지 않았습니다.

3. 피고는 당시 다리를 수술하느라 장기간 동안 집을 비우다보니 기타 공과금 등을 납부하지 않는 등 문제가 되어 그 무렵에 주민등록이 직권 말소되었습니다.

4. 피고로서는 주민등록이 직권으로 말소된 사실도 모르고 수술을 마치고 회복하여 ○○○○. ○○. ○○.퇴원하여 집으로 돌아왔는데 시골은 대부분 우체부 집배원이 속사정을 잘 알고 있어 장기간 집에 아무도 없어서 법원에서 어려 번 우편물이 왔었는데 송달을 하지 못했다는 말을 듣고 관할법원인 창원지방법원 거창지원으로 찾아가 조회를 한바 판결정본을 공시송달 하여 ○○○○. ○○. ○○.에 피고에게 송달된 것으로서 송달의 효력이 발생되어 ○○○○. ○○. ○○.에 형식상 확정된 것입니다.

5. 이에 ○○○○. ○○ ○○. 원심법원에서 기록을 열람해 보고 판결문을 수령한 것입니다.

6. 그렇다면 피고는 위와 같은 피고가 책임질 수 없는 사유로 항소기간을 준수할 수 없었던 것이므로 피고의 이 사건 추완항소는 적법하다고 할 것입니다.

항 소 이 유

1. 원고가 피고 ○○○에게 ○○○○. ○○. ○○.신용대출 금 ○○,○○○,○○○을 하면서 항소인(피고)○○○이 같은 피고 ○○○과 연대보증을 하였는데 피고들이 이를 변제하지 않아 대여금 청구의 소를 제기한 것이라고 주장하고 있습니다.

2. 원고는 이 사건의 소를 제기하면서 항소인(피고)○○○의 주소 및 송달장소를 ○○시 ○○로 ○길 ○○○호로 기재하여 이 사건의 소송관련문건 등을 송달하였는바, 항소인(피고) ○○○은 별지 첨부한 주민등록표와 같이 원고가 기재한 위 주소지에는 거주한 사실이 전혀 없는 곳으로 송달한 잘못이 있습니다.

3. 한편 원고는 주 채무자인 피고 ○○○에게 ○○○○. ○○. ○○.신용대출을 한 것인데 이를 변제하지 않았다고 주장하고 있는데 이는 원고가 피고 ○○○에 대하여 한 대출업무와 신용카드대출업무는 상법 제46조 제8호에 의한 기본적 상행위에 해당되며, 상행위로 인한 채권의 소멸시효에 관하여 판례는 당사자 쌍방에 대하여 모두 상행위가 되는 행위로 인한 채권뿐만 아니라 당사자 일방에 대하여만 상행위에 해당하는 행위로 인한 채권도 상법 제64조 소정의 5년의 소멸시효기간이 적용되는 상사채권에 해당한다(2002년9월24일 선고 2002다6760,6777판결. 2005년5월27일 선고 2005다7863호 판결 참조)고 판시하고 있으므로 원고가 주 채무자인 피고 ○○○에 대하여 한 대출업무는 상법에 적용되는 상행위이므로 항소인(피고)○○○의 보증채무와 그 지연이자금의 소멸시효기간은 5년이라 할 것인바 이 또한 이미 소멸된 것입니다.

4. 그러므로 원고의 항소인(피고) ○○○에 대한 이 사건 대여금청구는 확정판결을 받았다 하더라도 확정판결 또한 공시송달에 의한 것이거나 허위의 송달에 의한 민사소송법 제139조 제3항에 의하여 원고의 주장사실을 자백한 것으로 보고 판결한 것이라 하더라도항소인(피고)○○○이 원고에 대해 부담하는 채무는 보증계약으로 인한 상법 제64조에 따라 5년의 시효로 이미 소멸한 것이므로 기각을 면치 못할 것입니다.

소명자료 및 첨부서류

1.항소장부본2통

1.납부서(인지대 및 송달료)

○○○○ 년 ○○ 월 ○○ 일

위 피고(항소인) : ○○○(인)

창원지방법원 거창지원 귀중

(7)민사항소 - 추완 항소장 대여금 보증채무 소멸시효 완성채권 항소기간 도과 판결
    확정 기각을 청구하는 추완항소장

추 완 항 소 장

사건번호:○○○○가단○○○○호대여금

원고(피항소인):○○○

피고(항 소 인):○○○

소송물 가액금	금	34,000,000 원
첨부할 인지액	금	237,000 원
첨부한 인지액	금	237,000 원
납부한 송달료	금	124,800 원
비 고		

인천지방법원 부천지원 귀중

추 완 항 소 장

1.원고(피항소인)

성 명	○ ○ ○	주민등록번호	생략
주 소	경기도 부천시 ○○로 ○○, ○○○-○○○○호		
직 업	무직	사무실 주 소	생략
전 화	(휴대폰) 010 - 2345 - 0000		
기타사항	이 사건 피항소인 겸 원고입니다.		

2.피고(항 소 인)

성 명	○ ○ ○	주민등록번호	생략
주 소	경기도 김포시 대곶면 ○○로 ○○, ○○○호		
직 업	상업	사무실 주 소	생략
전 화	(휴대폰) 010 - 2123 - 0000		
기타사항	이 사건 항소인 겸 피고입니다.		

3. 대여금 청구사건의 추완항소

위 당사자 간 인천지방법원 부천지원 ○○○○가단○○○○호 대여금 청구사건에 관하여, 같은 법원에서 ○○○○. ○○. ○○. 판결선고를 하였는바, 항소인(피고)○○○은 위 판결에 전부불복하고 다음과 같이 항소를 제기합니다.

원 심 판 결 의 표 시

1. 피고는 원고에게 금 34,000,000원 및 이에 대하여 ○○○○. ○○. ○○.부터 ○○○○. ○○. ○○.까지는 연 5%의, 그 다음날부터 다 갚는 날까지는 연 20%의 각 비율에 의한 돈을 지급하라.

2. 소송비용은 피고의 부담으로 한다.

3. 위 제1항은 가집행 할 수 있다.

항 소 취 지

1. 원심판결을 취소한다.

2. 원고의 청구를 모두 기각한다.

3. 소송비용은 제1, 2심 모두 원고의 부담으로 한다.

라는 판결을 구합니다.

소송행위 추완에 관한 주장

1. 원심판결은 항소인(피고) ○○○의 주소를 ○○시 ○○로 ○길 ○○○호로 송달 및 공시송달을 하여 형식상 확정되었습니다.

2. 그러나 항소인(피고) ○○○은 별지 첨부한 주민등록표(초본)와 같이 위 주소지에 거주한 사실이 없었기 때문에 원고의 항소인(피고) ○○○에 대한 소송물 일체를 송달받지 못하여 원고의 청구사실을 전혀 모르고 있었는데 원고로부터 위 대여금청구채권을 양수받았다는 소외 ○○대부업체의 직원이 ○○○○. ○○. ○○보낸 서류를 송달받고 안 다음 원심법원으로 찾아가 기록을 열람해 보고 이 사건의 판결문을 수령하게 된 것입니다.

3. 그렇다면 항소인(피고)○○○은 위와 같은 항소인(피고)이 책임질 수 없는 사유로 항소기간을 준수할 수 없었던 것이므로 항소인(피고)○○○의 이 사건 추완항소는 적법하다고 할 것입니다.

항 소 이 유

1. 원고가 피고 ○○○에게 ○○○○. ○○. ○○.신용대출 금 ○○,○○○,○○○을 하면서 항소인(피고)○○○이 같은 피고 ○○○과 연대보증을 하였는데 피고들이 이를 변제하지 않아 대여금 청구의 소를 제기한 것이라고 주장하고 있습니다.

2. 원고는 이 사건의 소를 제기하면서 항소인(피고)○○○의 주소 및 송달장소를 ○○시 ○○로 ○길 ○○○호로 기재하여 이 사건의 소송관련문건 등을 송달하였는바, 항소인(피고) ○○○은 별지 첨부한 주민등록표와 같이 원고가 기재한 위 주소지에는 거주한 사실이 전혀 없는 곳으로 송달한 잘못이 있습니다.

3. 한편 원고는 주 채무자인 피고 ○○○에게 ○○○○. ○○. ○○.신용대출을 한 것인데 이를 변제하지 않았다고 주장하고 있는데 이는 원고가 피고 ○○○에 대하여 한 대출업무와 신용카드대출업무는 상법 제46조 제8호에 의한 기본적

상행위에 해당되며, 상행위로 인한 채권의 소멸시효에 관하여 판례는 당사자 쌍방에 대하여 모두 상행위가 되는 행위로 인한 채권뿐만 아니라 당사자 일방에 대하여만 상행위에 해당하는 행위로 인한 채권도 상법 제64조 소정의 5년의 소멸시효기간이 적용되는 상사채권에 해당한다(2002년9월24일 선고 2002다6760,6777판결. 2005년5월27일 선고 2005다7863호 판결 참조)고 판시하고 있으므로 원고가 주 채무자인 피고 ○○○에 대하여 한 대출업무는 상법에 적용되는 상행위이므로 항소인(피고)○○○의 보증채무와 그 지연이자금의 소멸시효기간은 5년이라 할 것인바 이 또한 이미 소멸된 것입니다.

4. 그러므로 원고의 항소인(피고) ○○○에 대한 이 사건 대여금청구는 확정판결을 받았다 하더라도 확정판결 또한 공시송달에 의한 것이거나 허위의 송달에 의한 민사소송법 제139조 제3항에 의하여 원고의 주장사실을 자백한 것으로 보고 판결한 것이라 하더라도항소인(피고)○○○이 원고에 대해 부담하는 채무는 보증계약으로 인한 상법 제64조에 따라 5년의 시효로 이미 소멸한 것이므로 기각을 면치 못할 것입니다.

소 명 자 료 및 첨 부 서 류

1.항소장부본2통

1.납부서(인지대 및 송달료)

○○○○ 년 ○○ 월 ○○ 일

위 피고(항소인) : ○○○(인)

인천지방법원 부천지원 귀중

(8)민사항소 - 추완 항소장 대여금 공시송달로 판결이 확정 이미 소멸시효가 완성되어 청구기각을 구하는 추완항소장

추 완 항 소 장

사건번호:○○○○가소○○○○호대여금

원고(피항소인):○○○

피고(항 소 인):○○○

소송물 가액금	금	10,659,023 원
첨부할 인지액	금	79,400 원
첨부한 인지액	금	79,400 원
납부한 송달료	금	124,800 원
비 고		

전주지방법원 군산지원 귀중

추 완 항 소 장

1. 원고(피항소인)

성 명	(주)〇〇〇대부	법인등록번호	생략
주 소	군산시 〇〇로길 〇〇, 〇〇빌딩 〇〇〇호		
대 표 자	대표이사〇〇〇		
전 화	(사무실) 알지 못합니다.		
기타사항	이 사건 피항소인 겸 원고입니다.		

2. 피고(항 소 인)

성 명	〇 〇 〇	주민등록번호	생략
주 소	군산시 〇〇로 〇〇, 〇〇〇-〇〇〇〇호		
직 업	상업	사무실 주 소	생략
전 화	(휴대폰) 010 - 5567 - 0000		
기타사항	이 사건 항소인 겸 피고입니다.		

3.대여금 청구사건의 추완항소

위 당사자간 전주지지방법원 군산지원 ○○○○가소○○○○호 대여금청구사건에 관하여 같은 법원에서 ○○○○. ○○. ○○.판결을 선고 하였는바, 항소인(피고)은 위 판결에 전부불복하고 다음과 같이 추완항소를 제기합니다.

원 심 판 결 의 표 시

1. 피고는 원고에게 금 10,659,023원 및 이에 대하여 ○○○○. ○○. ○○.부터 ○○○○. ○○. ○○.까지는 연 5%의, 그 다음날부터 다 갚는 날까지는 연 12%의 각 비율에 의한 돈을 지급하라.

2. 소송비용은 피고의 부담으로 한다.

3. 위 제1항은 가집행 할 수 있다.

(원고는 위 판결의 정본을 ○○○○. ○○. ○○.그 송달을 받았습니다)

항 소 취 지

1. 원심판결을 취소한다.

2. 원고의 청구를 모두 기각한다.

3. 소송비용은 제1, 2심 모두 원고의 부담으로 한다.

라는 판결을 구합니다.

소송행위 추완에 관한 주장

1. 원심판결은 ○○○○. ○○. ○○.에 공시송달의 방법에 의하여 ○○○○. ○○. ○○.에 항소인(피고)에게 송달된 것으로서 송달의 효력이 발생되어 ○○○○. ○○. ○○.에 형식상 확정되었습니다.

2. 그런데 항소인(피고)는 제1심 법원으로부터 항소인(피고)의 주소지인 전라북도 김제시 ○○로길 ○○, ○○○호에서 이 사건 소장 부본 및 최초의 변론기일소환장을 송달 받고, 그 변론기일에 출석한 이후 변호사의 도움 없이 직접 소송을 수행하면서 변론기일에 한 번도 빠짐없이 출석하여 소송을 회피하거나 지연하려는 행위를 한 적이 없었는데, 제3차 변론기일에서 변론이 종결되고 판결선고 기일이 ○○○○. ○○. ○○.로 고지되었습니다.

   그 뒤 제1심 법원은 변론종결 당시 고지한 선고기일에 판결 선고를 하지 않고 직권으로 선고기일을 연기하면서 다음 선고기일에 대한 기일소환을 하지 아니한 채 ○○○○. ○○. ○○.에 당사자 쌍방이 출석하지 아니한 가운데 판결선고를 하였고, 그 뒤 판결정본을 즉시 송달하지 아니하고 그로부터 10일이나 경과한 ○○○○. ○○. ○○.에야 이를 발송함으로써 마침 항소인(피고)이 휴가를 가서 주소지에 거주하고 있지 아니한 기간인 ○○○○. ○○. ○○.부터 3일간 집배원의 3차에 걸친 배달 시에 모두 폐문부재로 송달불능 되자 ○○○○. ○○. ○○.판결정본을 공시송달 하여 ○○○○. ○○. ○○.에 피고에게 송달된 것으로서 송달의 효력이 발생되어 ○○○○. ○○. ○○.에 형식상 확정된 것입니다.

3. 그러나 제1심 법원은 한여름 휴가철인 ○○. ○○.부터 ○○. ○○.사이에 판결정본의 송달이 불능으로 되었다면 피고가 여름 휴가철로 집을 비웠을 가능성을 고려하여 보충송달 등의 방법으로 재송달 하였어야 할 것인데 별다른 조치를 취하지 아니한 채 바로 공시송달결정을 하였으므로, 제1심 법원의 이 사건 공시송달결정은 요건을 결여한 부적법한 것이고, 피고는 제1심 판결이 이러한 부적법한 공시송달의 방법에 의하여 송달된 사실을 모르고 있다가 시일이 오래 지나도록 판결문이 송달되지 않자 ○○○○. ○○. ○○.에야 직접 원심법원을 찾아가 기록을 열람해 보고 판결문을 수령한 것입니다.

4. 그렇다면 피고는 위와 같은 피고가 책임질 수 없는 사유로 항소기간을 준수할 수 없었던 것이므로 피고의 이 사건 추완항소는 적법하다고 할 것입니다.

항 소 이 유

1. 원고가 피고 ○○○에게 ○○○○. ○○. ○○.신용대출 금 ○○,○○○,○○○을 하면서 항소인(피고)○○○이 같은 피고 ○○○과 연대보증을 하였는데 피고들이 이를 변제하지 않아 대여금 청구의 소를 제기한 것이라고 주장하고 있습니다.

2. 원고는 이 사건의 소를 제기하면서 항소인(피고)○○○의 주소 및 송달장소를 ○○시 ○○로 ○길 ○○○호로 기재하여 이 사건의 소송관련문건 등을 송달하였는바, 항소인(피고) ○○○은 별지 첨부한 주민등록표와 같이 원고가 기재한 위 주소지에는 거주한 사실이 전혀 없는 곳으로 송달한 잘못이 있습니다.

3. 한편 원고는 주 채무자인 피고 ○○○에게 ○○○○. ○○. ○○.신용대출을 한 것인데 이를 변제하지 않았다고 주장하고 있는데 이는 원고가 피고 ○○○에 대하여 한 대출업무와 신용카드대출업무는 상법 제46조 제8호에 의한 기본적 상행위에 해당되며, 상행위로 인한 채권의 소멸시효에 관하여 판례는 당사자 쌍방에 대하여 모두 상행위가 되는 행위로 인한 채권뿐만 아니라 당사자 일방에 대하여만 상행위에 해당하는 행위로 인한 채권도 상법 제64조 소정의 5년의 소멸시효기간이 적용되는 상사채권에 해당한다(2002년9월24일 선고 2002다6760,6777판결. 2005년5월27일 선고 2005다7863호 판결 참조)고 판시하고 있으므로 원고가 주 채무자인 피고 ○○○에 대하여 한 대출업무는 상법에 적용되는 상행위이므로 항소인(피고)○○○의 보증채무와 그 지연이자금의 소멸시효기간은 5년이라 할 것인바 이 또한 이미 소멸된 것입니다.

4. 그러므로 원고의 항소인(피고) ○○○에 대한 이 사건 대여금청구는 확정판결을 받았다 하더라도 확정판결 또한 공시송달에 의한 것이거나 허위의 송달에 의한 민사소송법 제139조 제3항에 의하여 원고의 주장사실을 자백한 것으로 보고 판결한 것이라 하더라도항소인(피고)○○○이 원고에 대해 부담하는 채무는 보증계약으로 인한 상법 제64조에 따라 5년의 시효로 이미 소멸한 것이므로 기각을 면치 못할 것입니다.

소명자료 및 첨부서류

1.항소장부본2통

1.납부서(인지대 및 송달료)2통

○○○○ 년 ○○ 월 ○○ 일

위 피고(항소인) : ○○○(인)

전주지방법원 군산지원 귀중

(9)민사항소 - 추완 항소장 대여금청구 공시송달로 판결이 선고되어 확정 항소기간
　　　도과로 제기하는 추완항소장

추 완 항 소 장

사건번호:○○○○가소○○○○호대여금

원고(피항소인):○○○

피고(항 소 인):○○○

소송물 가액금	금　10,659,023　원	
첨부할 인지액	금　　　79,400　원	
첨부한 인지액	금　　　79,400　원	
납부한 송달료	금　　124,800　원	
비　　　　고		

전주지방법원 군산지원 귀중

추 완 항 소 장

1. 원고(피항소인)

성 명	(주)○○○대부	법인등록번호	생략
주 소	군산시 ○○로길 ○○, ○○빌딩 ○○○호		
대 표 자	대표이사○○○		
전 화	(사무실) 알지 못합니다.		
기타사항	이 사건 피항소인 겸 원고입니다.		

2. 피고(항 소 인)

성 명	○ ○ ○	주민등록번호	생략
주 소	군산시 ○○로 ○○, ○○○-○○○○호		
직 업	상업	사무실 주 소	생략
전 화	(휴대폰) 010 - 5567 - 0000		
기타사항	이 사건 항소인 겸 피고입니다.		

3.대여금 청구사건의 추완항소

위 당사자 간 귀원 ○○○○가소○○○○호 대여금청구사건에 관하여 ○○○○. ○○. ○○. 선고한 판결정본을 항소인(피고)는 아직 송달을 받지 못하였는바(위 판결은 항소인(피고)의 부재중에 공시송달의 절차에 의거 송달을 마쳤으며, 항소인(피고)은 ○○○○. ○○. ○○.비로소 위 사실을 알게 되었습니다) 따라서 항소인(피고)은 위 판결에 대하여 불복이므로 이에 추완항소를 제기하는 바입니다.

원심판결의 표시

1. 피고는 원고에게 금 10,659,023원과 이에 대하여 ○○○○. ○○. ○○.부터 다 갚는 날까지 연 12%의 비율로 계산한 돈을 지급하라.

2. 소송비용은 피고의 부담으로 한다.

3. 위 제1항은 가집행할 수 있다.

(피고는 위 판결의 정본을 ○○○○. ○○. ○○. 받았습니다.)

항 소 취 지

1. 원심판결을 취소한다.

2. 원고의 청구를 모두 기각한다.

3. 소송비용은 제1, 2심 모두 원고의 부담으로 한다.

라는 판결을 구합니다.

소송행위 추완에 관한 주장

1. 항소인(이하 "피고"라 합니다)이 운영하던 사업체에 피항소인(이하 "원고" 라 합니다)이 법정관리인으로 근무하면서 원고가 피고에게 대여한 금액은 모두 정산을 보고 변제가 되었습니다.

2. 그런데 원고는 피고들에 대한 위 대여금이 있다며 본건 소를 제기한 것입니다.

3. 피고는 본건 소가 제기된 그 이전부터 ○○시 ○○구 ○○로 ○○, 한솔@ ○○○동 ○○○호에 주소지를 두고 피고는 카나다에 임시거소를 두고 사업을 추진하고 있었고, 피고 ○○○도 자녀들의 유학문제로 같은 카나다에 이주하여 영주권을 받아 거주하고 있는 관계로 본건 소에 관한 소장 및 관련 소송서류를 위 주소지로 송달하였으나 피고들은 본건 소장 및 일체의 소송서류를 송달받지 못하였으며 더욱이 원심법원은 재차 피고의 주소지를 확인하지 아니한 채, 송달불능 된 상태 하에서 공시송달결정을 하여 ○○○○. ○○. ○○. 원심법원의 위 판결이 확정되기에 이르렀습니다.

4. 피고들로서는 위와 같은 사실을 ○○○○. ○○. ○○.자로 집배원을 통하여 법원에서 우편물이 왔었다는 말을 듣고 법원으로 가서 확인하여 비로소 본건 소가 제기된 사실과 위와 같이 공시송달에 의하여 판결이 확정되었다는 사실을 알게 되었으므로 이는 피고가 책임질 수 없는 사유로 인하여 항소기간을 준수할 수 없었던 경우에 해당하므로 이에 피고들은 소정의 기간 내에 추완항소를 제기하는 바입니다.

항 소 이 유

1. 원고가 피고 ○○○에게 ○○○○. ○○. ○○. 대출 금 ○○,○○○,○○○을 하면서 항소인(피고)○○○이 같은 피고 ○○○과 연대보증을 하였는데 피고들이 이를 변제하지 않아 대여금 청구의 소를 제기한 것이라고 주장하고 있습니다.

2. 원고는 이 사건의 소를 제기하면서 항소인(피고)○○○의 주소 및 송달장소를 ○○시 ○○로 ○길 ○○○호로 기재하여 이 사건의 소송관련문건 등을 송달하였는바, 항소인(피고) ○○○은 별지 첨부한 주민등록표와 같이 원고가 기재한 위 주소지에는 거주한 사실이 전혀 없는 곳으로 송달한 잘못이 있습니다.

3. 한편 원고는 주 채무자인 피고 ○○○에게 ○○○○. ○○. ○○. 대출을 한 것인데 이를 변제하지 않았다고 주장하고 있는데 이는 원고가 피고 ○○○에 대하여 한 대출업무와 신용카드대출업무는 상법 제46조 제8호에 의한 기본적 상행위에 해당되며, 상행위로 인한 채권의 소멸시효에 관하여 판례는 당사자 쌍방에 대하여 모두 상행위가 되는 행위로 인한 채권뿐만 아니라 당사자 일방에 대하여만 상행위에 해당하는 행위로 인한 채권도 상법 제64조 소정의 5년의 소멸시효기간이 적용되는 상사채권에 해당한다(2002년9월24일 선고 2002다6760,6777판결. 2005년5월27일 선고 2005다7863호 판결 참조)고 판시하고 있으므로 원고가 주 채무자인 피고 ○○○에 대하여 한 대출업무는 상법에 적용되는 상행위이므로 항소인(피고)○○○의 보증채무와 그 지연이자금의 소멸시효기간은 5년이라 할 것인바 이 또한 이미 소멸된 것입니다.

4. 그러므로 원고의 항소인(피고) ○○○에 대한 이 사건 대여금청구는 확정판결을 받았다 하더라도 확정판결 또한 공시송달에 의한 것이거나 허위의 송달에 의한 민사소송법 제139조 제3항에 의하여 원고의 주장사실을 자백한 것으로 보고 판결한 것이라 하더라도항소인(피고)○○○이 원고에 대해 부담하는 채무는 보증계약으로 인한 상법 제64조에 따라 5년의 시효로 이미 소멸한 것이므로 기각을 면치 못할 것입니다.

소명자료 및 첨부서류

1.항소장부본2통

1.납부서(인지대 및 송달료)2통

○○○○ 년 ○○ 월 ○○ 일

위 피고(항소인) : ○○○(인)

전주지방법원 군산지원 귀중

추 완   이 의 신 청 서

원   고 : ○○○

피   고 : ○○○

추완 이의신청서

소송물 가액금	금 100,000,000 원
첨부할 인지액	금 682,500 원
첨부한 인지액	금 682,500 원
납부한 송달료	금 122,400 원
비 고	

창원지방법원 진주지원 귀중

추 완 이 의 신 청 서

1. 원고

성 명	○ ○ ○		주민등록번호	생략
주 소	경상남도 ○○시 ○○로○○길 ○○, ○○○			
직 업	사업	사무실 주 소	생략	
전 화	(휴대폰) 010 - 6543 - 0000			
기타사항	이 사건 채권자입니다.			

2. 피고

성 명	○ ○ ○		주민등록번호	생략
주 소	경상남도 ○○시 ○○면 ○○로길 ○○○			
직 업	무지	사무실 주 소	생략	
전 화	(휴대폰) 생략			
기타사항	이 사건 채무자입니다.			

위 당사자간 귀원 ○○○○가합○○○○호 손해배상(기) 청구사건에 관하여 ○○○○. ○○. ○○.결정한 화해권고결정에 대하여 전부 불복이므로 이에 이의신청을 제기합니다.

원 결 정 사 항 의 표 시

1. 피고는 원고에게 금 ○○○,○○○,○○○원을 ○○○○. ○○. ○○.까지 지급한다.

2. 만일 피고가 위 지급기일까지 위 금원을 지급하지 아니한 때에는 미지급금액에 대하여 지급기일 다음날부터 갚는 날까지 연 12%로 계산한 지연 손해금을 가산하여 지급한다.

3. 소송비용은 각자 부담한다.

청 구 취 지 에 대 한 답 변

1. 원 결정을 취소한다.

2. 원고의 청구를 기각한다.

3. 소송비용은 피고의 부담으로 한다.

추 완 사 유

1. 원사건의 확정관계

원고에 의해 제출된 이건 소장은 피고에게 송달불능 되었다가 원고의 보정으로 피고의 8순노모 손옥○(1926.생)에게로 송달되었고, 이어 내린 ○○○○. ○. ○○.결정의 화해권고 결정문도 위 8순 노모에게 송달됨으로써 이건 피고의 이의 제기기간이 도과되자 형식상 확정된 것으로 되어 있습니다.

2. 원고와의 관계

가. 피고는 ○○고등학교의 학력으로 이건 사건의 발단이 된 원고 운영의 ○○마트(이하 '슈퍼' 라고 합니다)가 있던 건물(경상남도 ○○시 ○○로길 ○○,)의 주차장 관리인이었습니다. 피고는 ○○○○. ○○. ○○. 처와 이혼하고, 같은 건물에서 ○○마트(슈퍼마켓)를 영업하던 원고와 가까워지게 되었는데 이후 원고의 꾐에 빠져 원고에게 금 1억8,900만원을 꾸어주게 되었습니다.

평생 벌어놓은 위 돈을 원고에게 대여해 줄 당시 노모 손옥○과 출가한 장녀소○과 장남 정○(각 30대중반)의 반대가 심하였는데 피고가 이를 무시하고 원고와 슈퍼에 대하여 동업관계를 유지한 것이 화근이었습니다.

나. 그런데 위 당시 슈퍼가 들어선 건물은 이미 경매가 진행되고 있었는데 ○○○○. ○○. ○○. 경락으로 건물소유주가 소외 이석○로 바뀌고 이에 따라 슈퍼 점포는 ○○○○. ○○. ○○. 명도를 당하게 되었습니다.

그런데 슈퍼가 폐업하자 슈퍼에 대하여 채권을 가지고 있던 거래처들은 피고가 원고와 동업관계에 있다라는 사실을 알게 되자 피고에 대하여도 심하게 채무독촉을 하여 피고는 정신이 없던 상황이었습니다.

다. 위 일시경 피고로서도 원고에게 대여해준 1억8,900만원을 회수하기 위하여 취한 몇 가지 행동이 ○○○○. ○○. ○○. 원고에 의해 업무상 횡령죄로 고소를 당하게 되는 일이 발생하였습니다.

고소 내용의 첫째는 원고 명의의 경상남도 ○○시 ○○로길 ○○, 소재 상가에 피고가 채권최고액 7,000만 원의 근저당권을 가지고 있었는데 이를 임의로 타에 양도한 것이 그만 경매로 손해를 보게 되어 원고 소유 상가 전체에 피해를 준 부분과, 둘째로 폐업할 수밖에 없던 슈퍼내의상품을 보관할 곳이 없어 일부 피고 집에 보관한 것이 원고에 대하여 횡령한 것이 되고, 세째로 원고와 슈퍼를 공동운영하던 기간 중 폐업직전 2주일정도의 기간안 슈퍼 판매거래내역이

매상장부에 기재되었는데 약 4,800만원 상당의 매출고 누락분을 횡령하였다는 것입니다.(위 고소사실은 최근 긴급체포 된 ○○○○. ○○. ○○. 수사기록에 자세히 기재되어 있습니다.)

위 당시 피고는 원고에 의해 고소가 제기된 사실은 알고 있었으나 자세한 내용은 모른 상태였고, 이에 대한 막연한 두려움과 채권자들로 부터의 채무독촉을 피하기 위하여 마음이 안정되지 못하고 생활이 어수선 하자 주위 지인들과의 일체의 연락을 두절하고 생연명의 수단으로 막노동판 등을 전전긍긍한 것입니다.

3. 원고에 의한 이건 소제기

원고에게 1억 8,900만원을 대여해 주고도, 오히려 업무상 횡령으로 고소를 당하자 피고의 모친은 피고를 냉대하기 시작하였고, 피고의 자녀들은 아버지인 피고를 외면하여 부득불 배운 지식과 기술이 없던 피고는 가족들과 일체의 연락이 두절된 채 주로 공사판에서 생계를 연명해 가고 있었던 것인데, 바로 이즈음인 ○○○○. ○○. ○○.경 원고는 이건 소를 제기한 것이고, 원고의 소장과 화해권고결정문이 피고의 모친 손옥○(당 80세, 1929년생)에게 송달된 것입니다.

4. 긴급체포되어 소제기 사실을 알게 됨

가. ○○○○. ○○. ○○. 오후 2:30경 우연히 경상남도 ○○시 ○○시장을 지나던 피고는 경찰의 불심검문을 받기에 이르렀고, 원고에 의해 고소된 업무상 횡령죄로 소재불명이다가 기소중지된 사실이 드러나면서 바로 긴급체포 되었습니다.

○○시 ○○로길 ○○지구대를 거쳐 ○○경찰서에 인치된 피고는 저녁 7:00경 원고 제기의 고소사건 관할인 ○○경찰서 담당조사관인 최구○에 의해 ○○경찰서 유치장에 유치되었습니다.

나. 다음날인 ○○. ○○. 1:00경부터 조사가 시작되면서 피고에 의하여 어느 정도 검찰에 해명이 되자 체포영장이 취소되어 ○○. ○○. 12:00경 풀려났는데, ○○. ○○.피의자 신문과정에서 조사관(최구○)으로부터 원고의 민사소송 제기사

실을 언급하여 무슨 뜻인지 모르다가 확인한바 원고에 의해 ○○○○. ○○. ○○. 소가 금 2억2,000만원의 손해배상청구의 소송이 제기된 사실을 비로소 알게 된 것입니다.

5. 피고의 억울함

가. 피고는 원고에게 금 2억2,000만원의 피해를 입힌 사실이 전혀 없습니다. 원고가 입었다고 주장하는 손해는 확실한 근거도 없는 원고 일방적인 주장에 불과한 날조된 사실입니다.

무엇보다 피고는 원고에 대하여 명백한 대여금 채권 1억8,900만원이 있습니다.

다만, 원고의 영업에 관여하였다가 거래처로부터의 협박과 폭언을 당하는 등의 독촉을 견디기 힘들었는데 이에 원고로부터 업무상 횡령의 고소까지 당한 사실을 알자 가족으로부터도 외면을 당한 피고로는 세상을 도피하고자 주위 지인들과의 연락을 일체 끊은 채 생활하여 온 것입니다.

나. 무엇보다도 이러한 피고의 사정은 원고로 부터 비롯된 것입니다.

즉 원고에게 거액의 금전을 대여해 주었다가 모친과 자녀들로부터 완전히 외면을 당하고, 이어 원고의 영업에 관여 하였다가 거래처들로부터 심한 독촉에 시달리고, 다시 원고로부터 형사고소를 당하는 등의 일련의 사건은 피고를 더욱 궁지에 몰아놓아 세상을 도피하도록 만들게 된 것입니다.

이러한 기회에 제기된 이건 민사 손해배상 소는 피고에게 책임 없는 사실로 보아야 할 것입니다.

6. 결어

원고 청구의 손해배상 내용은 거의 근거가 없는 날조된 청구내역입니다.

형사사건도 충분히 진술되어 상당부분 혐의가 없는 것으로 밝혀지고 있는 중입니다.

또한 이상과 같이 피고에게 책임을 묻기 힘든 위 사정에 비추어 피고가 제대로 다툴 수 있도록 추완 이의를 받아 주실 것을 귀 재판부에 간청하는 바입니다.

소명자료 및 첨부서류

1. 우편배달보고서 (송달불능)1부

2. 원고 보정서 (지명수배사실)1부

3. 사건처분결과 증명원(원고 신청)1부

4. 우편배달보고서 (손옥○ 영수)1부

5. 피고의 가족관계등록부1부

6. 슈퍼 등기부등본1부

○○○○ 년 ○○ 월 ○○ 일

위 원고 :○○○(인)

창원지방법원 진주지원 귀중

(11)민사항소 - 예비적 청구취지 및 원인보정신청서 임대보증금반환 등 항소 사건에 대하여 항소인 원고가 변경하는 신청서

예비적 청구취지 및 원인보정신청서

사건번호 : ○○○○나○○○○호 임대차보증금반환 등

원고(항 소 인) : ○○○

피고(피항소인) : ○○○

○○○○ 년 ○○ 월 ○○ 일

위 항소인(원고) : ○○○ (인)

서울고등법원 제○부 귀중

예비적 청구취지 및 원인보정신청서

사건번호 : ○○○○나○○○○호 임대차보증금반환 등

원고(항 소 인) : ○○○

피고(피항소인) : ○○○

위 당사자간 귀원 임대차보증금반환 등 청구의 항소사건에 관하여 예비적 청구취지를 추가하고 청구원인을 보정합니다.

- 다 음 -

예 비 적   청 구 취 지

1. 원고와 피고 사이의 별지 목록 기재된 건물의 1층 ○○○.○○○㎡중, 별지 도면 표시 11. 12. 13. 14. 15. 16. 17. 11.의 각점을 순차로 연결한 선내의 (가)부분 ○○○.○○○㎡에 관한 임대차계약의 해지로 인한 원고의 피고에 대한 임대차보증금 ○○○,○○○,○○○원의 반환채무는 존재하지 아니함을 확인한다.

2. 소송비용은 1.2심 모두 피고의 부담으로 한다.

라는 판결을 구합니다.

예 비 적   청 구 원 인

1. 항소인(앞으로는 '원고'라고 하겠습니다.)은 ○○○○. ○○. ○○.피항소인(이하 '피고'라고 하겠습니다)에게 당시 원고의 소유였던 이 사건 건물부분을 임대보증금 ○○○,○○○,○○○원, 매월차임 ○,○○○,○○○원, 임대기간 ○○○○. ○○. ○○.부터 ○○○○. ○○. ○○.로 정하여 임대하였으나 피고가 원고에게 ○○○○. ○○.월부터 ○○.월분의 차임만 지급하고 그 이후의 차임을 지급하지 아니하고 이를 무단 전대하였기에 이 사건 임대차계약을 해지한 바 있습니다.

2. 이에 원고가 임대건물의 명도청구를 하자 원심은 원고에게 ○○○,○○○,○○○원의 임대차보증금을 반환하라는 동시이행을 명하는 판결을 선고하였습니다.

3. 그러나 피고가 부담하여야 할 원상회복비용, 수도요금, 전기요금, 등의 공과금을 임대보증금에서 공제하면 원고가 피고에게 반환하여야 할 임대차보증금은 한 푼도 남아 있지 아니합니다.

   이에 원고는 임대한 건물의 명도만을 구하기 위하여 동시이행부분에 대하여만 항소를 하게 되었습니다.

4. 그런데 원고의 항소제기 이후에 다른 사유로 인하여 직접 점유자라고 할 피고의 무단전차인인 소외 ○○○가 이 사건 건물의 새 소유자가 된 ○○○(원고의 아들)에게 이를 명도하는 사태가 발생하였습니다.

   원심판결대로 원고는 아직 피고로부터 임대건물의 명도를 받은 것은 아니기 때문에 명도를 구할 법률상 이익과 권원이 있다 할 것이므로 종전의 청구를 그대로 주위적 청구로 유지하고자 합니다.

   다만, 피고가 이미 점유권을 상실하였기 때문에 원고의 청구를 유지할 권원이 없다고 할 수도 있기에 즉 주위적 청구가 이유 없을 경우에 대비하여 예비적으로 위와 같은 예비적청구를 하게 되었습니다.

   피고가 임차건물을 점유하고 있지 않다 하더라도 피고는 원고로부터 지급받을 임대차보증금이 한 푼도 없습니다.

이에 원고는 원심에서 동시이행으로 지급을 명한 임대차보증금반환 채무의 부존재 확인을 예비적으로 구하고자 합니다.

피고에 대한 다수의 채권자들이 이미 이 사건 임대차보증금에 대하여 7억원 이상 채권가압류를 해놓고 장래 원고에 대하여 채권압류 및 전부명령 등으로 소송을 할 것이 예상됩니다.

이에 대비하여 원고는 위 예비적 청구취지와 같은 판결을 받아놓을 실익이 있습니다. 반환될 임차보증금이 전부 소멸된 사항은 종전의 준비서면에서 주장한 바와 같이 그대로 원용합니다.

○○○○ 년 ○○ 월 ○○ 일

위 항소인(원고) : ○○○ (인)

서울고등법원 제○부 귀중

(12)민사항소 – 항소취지확장신청서 항소장에서 주장한 항소취지를 항소인이 확장신 청하는 항소취지확장 신청서

항 소 취 지 확 장 신 청 서

사건번호 : ○○○○나○○○○호소유권이전등기절차이행

원고(항 소 인) : ○○○

피고(피항소인) : ○○○

○○○○ 년 ○○ 월 ○○ 일

위 항소인(원고) : ○○○ (인)

서울고등법원 제○부 귀중

항소취지확장신청서

사건번호 : ○○○○나○○○○호소유권이전등기절차이행

원고(항 소 인) : ○○○

피고(피항소인) : ○○○

　위 당사자 간 귀원 ○○○○나○○○○호 소유권이전등기절차이행 등 항소사건에 관하여, 항소인은 원 판결 중 일부 취소를 구한다는 항소취지를 다음 1과 같이 확장하고 다음 2와 같이 주장합니다.

- 다 음 -

항 소 취 지

1. 원 판결을 취소한다.

2. 피항소인의 청구를 기각한다.

3. 소송비용은 제1,2심 모두 피항소인의 부담으로 한다.

라는 판결을 구합니다.

항 소 인 의 주 장

1. 가령 권리증 등을 피항소인에게 맡긴 것이 대리권을 부여한 것이 된다고 하더라도 그것은 저당권설정만의 취지이고, 대물변제계약의 권한이 부여된 것은 아닙니다.

2. 또 피항소인의 주장대로 대물변제계약의 권한이 있다고 인정된다 하더라도 ○○○○. ○○. ○○.본건 채무의 원리금으로 ○○,○○○,○○○원을 지급하였을 때 피항소인은 ○○○○. ○○. ○○.까지 기간을 유예하였으므로 본건 소비대차의 변제기는 아직까지 도래하지 않았으므로 이를 전제로 하는 본건 대불변제계약은 효력이 생기지 않습니다.

3. 나아가서 위 주장이 인정되지 않는다고 하더라도 본건 토지의 시가는 금 ○○○,○○○,○○○원이고, 항소인이 ○○○○. ○○. ○○. 현재로 부담하는 원리금은 금 ○○,○○○,○○○원에서 이미 지급한 금 ○○,○○○,○○○원을 제외한 나머지 금 ○○,○○○,○○○원에 불과합니다.

4. 이와 같이 7배상당의 가치가 있는 부동산을 취득할 것을 내용으로 하는 대물변제계약은 사회통념상 있을 수 없는 무효의 행위이므로 본건 항소에 이른 것입니다.

○○○○ 년 ○○ 월 ○○ 일

위 항소인(원고) : ○○○ (인)

서울고등법원 제○부 귀중

※ 이건 항소취지확장신청에는 수입인지를 확장되는 부분에 대하여 1심의 1.5배의 수입인지를 첨부하여야 합니다. 항소장제출 시 첨부한 수입인지를 제외한 확장되는 금액을 계산할 때 수입인지금액이 1만원을 초과할 경우 현금으로 납부하시고 부본과 함께 담당재판부에 제출하시면 됩니다.

(13)항소이유서 - 계약금반환청구 사건의 피고(항소인)이 원고(피항소인)의 주장을 반박하고 기각청구 항소이유서

항 소 이 유 서

사건번호:○○○○나○○○○호계약금반환

원고(피항소인):○○○

피고(항 소 인):○○○

○○○○ 년 ○○ 월 ○○ 일

위 피고(항소인) : ○ ○ ○(인)

청주지방법원 귀중

항소이유서

사건번호:○○○○나○○○○호계약금반환

원고(피항소인):○○○

피고(항 소 인):○○○

위 사건에 대하여 피고(항소인)는 다음과 같이 항소이유를 제출합니다.

- 다 음 -

1. 제1심 판결에 대한 불복 범위

주문 모두에 대하여 불복하므로 원고(피항소인)의 청구를 기각하여 주시기 바랍니다.

2. 불복이유

원심은 원고(피항소인, 다음부터 "원고"라고만 줄여 쓰겠습니다)와 피고(항소인, 다음부터 "피고"라고만 하겠습니다)가 주택매매계약을 합의해제 한 사실을 인정하고, 피고에게 계약금을 반환하라는 판결을 내렸으나, 피고는 위 계약을 합의해제 한 사실이 없습니다.

가. 이 사건 매매계약과 계약 후의 사정 등

1) 피고는 ○○○○. ○○. ○○. 소외 ○○○ 운영의 아름다운강산부동산에서 소외 ○○○의 소개로 피고 소유의 이 사건 주택을 매도하는 계약을 체결하고 계약금으로 금 ○,○○○만원을 받았습니다.

갑 제1호증 매매계약서의 기재대로 중도금 ○○,○○○,○○○원은 ○○○○. ○○. ○○.에, 잔금은 같은 해 ○○. ○○.에 각각 지급 받기로 약정하였습니다.

2) 한편, 위 계약일로부터 약 6개월 전에 피고는 소외 ○○○에게 이 사건 주택을 매도할 것을 제의 받은 사실이 있었는데, 피고는 소외 ○○○가 전에 사업을 하다가 부도를 낸 경험이 있어 매매대금을 못 줄 수도 있을 것이라 판단하여 매도제의를 거절한 사실이 있습니다.

그런데 피고는 ○○○○. ○○. ○○. 소외 ○○○의 처인 소외 ○○○(소외 ○○○는 아름다운강산부동산을 남편인 소외 ○○○와 함께 운영하며 이 사건에서 주도적으로 중개를 하였습니다.)로부터 이 사건 매매에 소외 ○○○가 돈을 투자하였다는 사실과 이 사건 임야에 아파트를 지을 예정이라는 사실을 처음으로 듣게 되었습니다.

3) 피고는 아무래도 원고가 중도금과 잔금의 지급을 미룰 것으로 생각되어 ○○○○. ○○. ○○. 원고에게 전화를 하여 중도금과 잔금을 ○○○○. ○○. ○○.까지 일시에 지급하여 줄 것을 요구하였고, 원고는 이를 승인하였습니다(을 제1호증 ○○○○. ○○. ○○.자 내용증명 참조)

그 뒤 같은 해 ○○. ○○. 피고는 아름다운강산부동산의 소외 ○○○로부터 피고 소유 임야에 대하여 건축허가가 나오지 않으니 중도금 및 잔금 지급기일을 2개월 연기해주어 건축허가가 나면 전액 지급하고 허가가 나오지 않으면 원고가 계약금을 포기하겠다는 말을 들었습니다.

피고는 소외 ○○○에게 건축허가여부는 계약 당시 전혀 언급이 없었던 사실이므로 그렇게 할 수 없고, 원래의 잔금지급기일인 ○○○○. ○○. ○○.까지는 중도금과 잔금 모두를 받아야겠다고 자신의 의사를 전하였습니다.

4) 그러던 중, 원고는 최초로 ○○○○. ○○. ○○.자 내용증명(을 제1호증)을 보내왔고, 계속하여 갑 제3, 4, 5호증의 각 내용증명을 보내왔습니다.

피고는 해약한 사실도 없으므로 당연히 계약내용대로 이행되어야 한다고 생각하였으며, 원고가 괜히 계약금을 손해 본 것이 억울하여 트집을 잡는 것이라 생각하고 돈을 줄 어떠한 이유도 없으므로 원고에게 전혀 대응하지 않고 있었습니다.

5) 그런데 ○○○○. ○○. ○○.에 법원으로부터 부동산가압류결정을 송달 받았고(을 제2호증 참조) 피고는 제소명령을 신청하여 결국 이 사건에 이르게 된 것입니다.

나. 갑 제6호증 내용증명의 허위여부에 관하여

1) 원심은 갑 제6호증을 중요한 증거로 채택하여 원고와 피고 사이의 매매계약이 합의해제 된 것으로 판단한 것으로 보여 집니다.

   그러나 피고는 피고 명의로되어있는 갑 제6호증 내용증명을 보낸 사실이 전혀 없습니다. 위 갑 제6호증이 피고가 보낸 것이 아니라는 사실은 갑 제6호증을 면밀히 검토하면 알 수 있습니다.

2) 갑 제6호증의 하단 내용을 보면 '귀하께서 본인과 해약합의시 본인은 막대한 경제적 손실에도 불구하고 ○,○○○만원을 차후로 건네주기로 합의하였는데 ○,○○○만원의 가압류를 잡은데 대해서 납득이 가질 않으며 해약금 ○,○○○만원에 대해서는 ○○○○. ○○. ○○.까지 보내드리겠습니다.'라고 되어 있습니다. 그런데 위 내용증명은 ○○○○. ○○. ○○. 보낸 것으로 되어있으나, 피고가 부동산가압류결정이 된 사실을 알게 된 것은 부동산가압류결정정본을 송달 받은 ○○○○. ○○. ○○.입니다.

   따라서 ○○○○. ○○. ○○. 당시에는 부동산가압류결정을 받은 것을 전혀 몰랐으므로 위와 같은 내용의 내용증명을 보낼 수는 없는 것이 자명합니다.

3) 위 내용증명의 내용자체를 보아도 피고가 이를 작성하였다고 보기 어렵습니다. 위 내용증명 세 번째 문장에서 '또한 쌍방의 합의하에 중도금과 잔금을 ○○○○. ○○. ○○. 일시에 결제하기로 하였으나 이를 이행치 않고 귀하께서는 허가문제로 2개월간 연장하기를 원하였던바, 이는 잔금을 치른 다음 허가신청을 해야 하는 것이 아닙니까?'라고 되어 있어 중도금과 잔금지급을 독촉하는 내용으로 되어 있습니다.

   이는 합의해제가 되지 않았음을 전제로 하여야 청구 가능한 내용입니다. 그런데 바로 다음 문장에서 '쌍방의 합의 시에 해약으로 인하여 본인은 막대한 손해를 입었는데도 불구하고 계약금의 일부 ○.○○○만원을 차후로 건네주기로 하고 해약을 하였는데 '라고 되어 있어 해약을 합의한 것으로 되어 있습니다.

위 두 문장을 보더라도 앞뒤가 맞지 않아 피고가 작성한 것이라고는 할 수 없으며 가사 피고가 합의해제 하였더라도 스스로 손해를 보면서까지 계약금을 돌려주기로 하면서 해제한다는 것은 상식에 맞지 않는다고 할 것입니다.

4) 또한, 위 내용증명에는 피고 명의의 도장이 날인되지 아니하였으며, 확인한 결과 내용증명을 보내는 사람의 신분증을 확인하는 절차는 전혀 거치지 않는다고 합니다.

따라서 위 내용증명은 소송에서 유리한 자료로 삼기 위하여 원고 또는 소외 ○○○가 피고의 명의로 보낸 내용증명임이 분명하다 할 것입니다.

다. 원심 증인의 증언에 관하여

원심은 또한 이 사건 계약이 합의해제 된 증거로 증인 ○○○와○○○의 증언을 들고 있습니다. 그러나 위 증인들의 증언은 합의해제를 인정할 충분한 증거가 될 수 없다고 할 것입니다.

1) 먼저 증인 ○○○의 증언내용을 보면, 매매계약 해약에 대하여 아름다운강산부동산 측(소외 ○○○)으로부터 들었다고 진술하고 있지 합의해제 된 것을 직접 보았다는 진술은 없습니다.

또한 반대신문사항 2항에서 원고는 허가가 나지 않으면 계약금을 포기하겠다고 말한 사실을 역시 소외 ○○○로부터 들었다고 진술하고 있습니다. 또한 반대신문사항 3항에서 당시 피고에게 더 많은 금액을 주겠다고 하는 다른 매수자가 있다는 것을 역시 소외 ○○○로부터 들었다고 진술하고 있어 증인 ○○○의 증언만으로 계약을 합의해제 한 사실을 인정하기 어렵습니다.

2) 또한 증인 ○○○ 역시 이 사건과 관련된 내용을 모두 증인 ○○○에게들어서 안다고 진술하고 있으므로 위 합의해제의 직접적인 증거로 보기 어렵다

고 할 것입니다.

　3) 따라서 위 증인들의 증언으로는 합의해제를 인정하기 어렵다고 할 것이어서 피고는 별도로 소외 ○○○를 증인으로 신청하여 이를 입증하고자 합니다.

3. 결어

피고는 결코 계약을 합의해제 한 사실이 없어 계약금을 반환할 의무가 없으므로, 원고의 이 사건 소는 기각되어야 마땅합니다.

소명자료 및 첨부서류

1. 을 제1호증내용증명(○○○○. ○○. ○○.자)

1. 을 제2호증우편송달통지서

○○○○ 년 ○○ 월 ○○ 일

위 피고(항소인) : ○ ○ ○(인)

청주지방법원 귀중

(14)추완항소장 - 대부업의 양수금청구 이미 소멸시효 완성채권 공시송달로 판결확정 기각청구 추완항소이유

추 완 항 소 장

사건번호:○○○○가소○○○○호 양수금 청구

피고(항 소 인):○○○

원고(피항소인):○○○

소송물 가액금	금	17,000,000 원
첨부할 인지액	금	122,200 원
첨부한 인지액	금	122,200 원
납부한 송달료	금	124,800 원
비 고		

부산지방법원 서부지원 귀중

추 완 항 소 장

1. 피고(항 소 인)

성 명	○ ○ ○	주민등록번호	생략
주 소	부산시 ○○구 ○○로 ○○, ○○○-○○○호		
직 업	상업	사무실 주 소	생략
전 화	(휴대폰) 010 - 2667 - 0000		
기타사항	이 사건 항소인 겸 피고입니다.		

2. 원고(피항소인)

성 명	○ ○ ○	법인등록번호	생략
주 소	수산시 ○○구 ○○로길 ○○, ○○빌딩 ○○○호		
대 표 자	대표이사○○○		
전 화	(사무실) 알지 못합니다.		
기타사항	이 사건 피항소인 겸 원고입니다.		

3.양수금 청구사건의 추완항소

위 당사자 간의 부산지방법원 서부지원 ○○○○가소○○○○호 양수금 청구사건에 대하여 위 법원이 ○○○○. ○○. ○○.선고한 판결에 대해 전부불복하고 책임질 수 없는 부득이한 사유로 항소기간을 도과하였으므로 다음과 같이 추완항소를 제기합니다.

원 심 판 결 의 표 시

1. 피고는 원고에게 금 17,000,000원 및 이에 대하여 ○○○○. ○○. ○○.부터 ○○○○. ○○. ○○.까지는 연 5%의, 그 다음날부터 다 갚는 날까지는 연 12%의 각 비율에 의한 돈을 지급하라.

2. 소송비용은 피고의 부담으로 한다.

3. 위 제1항은 가집행 할 수 있다.

(원고는 위 판결의 정본을 ○○○○. ○○. ○○.그 송달을 받았습니다)

항 소 취 지

1. 원심판결을 취소한다.

2. 원고의 청구를 모두 기각한다.

3. 소송비용은 제1, 2심 모두 원고의 부담으로 한다.

라는 판결을 구합니다.

소송행위 추완에 관한 주장

1. 피고가 본 사건 원심의 판결이 선고된 사실은 ○○○○. ○○. ○○.소송기록 열람 및 등사신청으로 알게 되었습니다.

2. 추완사유

   가, 공시송달에 의한 판결 확정

   1) 원심판결은 ○○○○. ○○. ○○.에 공시송달의 방법에 의하여 ○○○○. ○○. ○○.에 피고에게 송달된 것으로서 송달의 효력이 발생되어 ○○○○. ○○. ○○.최종적으로 확정되었습니다.

   2) 공시송달을 하여 ○○○○. ○○. ○○.에 피고에게 소장 부본 및 변기일통지서, 판결정본 모두 공시송달에 의하여 진행되었습니다.

   3) 피고는 공시송달의 방법으로 판결이 선고되어 확정된 사실을 전혀 모르고 있었는데 원고가 피고 소유의 은행예금통장에 압류를 하여알게 되면서 ○○○○. ○○. ○○.직접 원심법원을 찾아가 소송기록을 열람해 보고 비로소 알게 되었습니다.

   4) 그렇다면 피고는 위와 같은 피고가 책임질 수 없는 사유로 항소기간을 준수할 수 없었던 것이므로 피고의 이 사건 추완항소는 적법하다고 할 것입니다.

항 소 이 유

1 피고는 사업자금으로 ○○○○. ○○. ○○. 소외 중소기업은행으로부터 20,000,000원을 대출받았습니다.

2 소외 중소기업은행이나 양수자인 원고는 위 대출시점 이후 10년이 지나도록 아무런 법적으로 유효한 시효중단조치를 취하지 않았기 때문에 위 채권은 이미 소멸시효가 완성된 채권으로서 피고는 더 이상 채무를 변제할 의무가 없어졌습니다.

3 원고는 소외 중소기업은행이 피고에 대하여 가지는 위 채권을 양수하여 피고도
  전혀 모르는 사이에 피고를 채무자로 하여 지급명령을 신청하였으나 지급명령
  이 송달되지 않자 소제기신청을 하고 공시송달을 신청하였던 것인데 법원에서
  공시송달에 의한 판결이 확정되었다는 사실을 확인하고 피고는 충격에서 벗어
  나지 못하고 있습니다.

4 한편 원고는 피고가 위 채권에 대하여 ○○○○. ○○. ○○.까지 총 15
  ,000,000원을 변제한 상태에서 사업이 어려워 ○○○○. ○○. ○○.부터 약
  5,000,000원을 변제하지 못했던 것인데 무려 17,000,000원의 지급을 청구하
  였고 확정판결은 공시송달로 확정되었습니다.

5 이미 소멸시효가 완성된 자산을 양수받은 원고는 피고에게 이를 청구할 권리가
  없으므로 이를 기각한다는 판결을 구하고자 이 사건 추완항소에 이르게 된 것
  입니다.

소 명 자 료 및 첨 부 서 류

1.항소장부본2통

1.납부서(인지대 및 송달료)2통

○○○○ 년 ○○ 월 ○○ 일

위 피고(항소인) : ○○○(인)

부산지방법원 서부지원 귀중

(15)추완항소장 - 대부업체 양수금 소멸시효 완성채권 공시송달로 판결이 확정되어 기각을 청구하는 추완항소

추 완 항 소 장

사건번호:○○○○가소○○○○호 양수금 청구

원고(피항소인):○○○

피고(항 소 인):○○○

소송물 가액금	금	23,000,000 원
첨부할 인지액	금	162,700 원
첨부한 인지액	금	162,700 원
납부한 송달료	금	124,800 원
비 고		

수원지방법원 항소부 귀중

추 완 항 소 장

1.원고(피항소인)

성 명	(주)○○캐피탈	법인등록번호	생략
주 소	수원시 ○○구 ○○로길 ○○, ○○빌딩 ○○○호		
대 표 자	대표이사○○○		
전 화	(사무실) 알지 못합니다.		
기타사항	이 사건 피항소인 겸 원고입니다.		

2.피고(항 소 인)

성 명	○ ○ ○	주민등록번호	생략
주 소	수원시 ○○구 ○○로 ○○, ○○○-○○○○호		
직 업	상업	사무실 주 소	생략
전 화	(휴대폰) 010 - 1890 - 0000		
기타사항	이 사건 항소인 겸 피고입니다.		

3.양수금 청구사건의 추완항소

위 당사자 간의 수원지방법원 ○○○○가소○○○○호 양수금 청구사건에 대하여 위 법원이 ○○○○. ○○. ○○.선고한 판결에 대해 모두 불복하고 책임질 수 없는 부득이한 사유로 항소기간을 도과하였으므로 다음과 같이 추완항소를 제기합니다.

원 심 판 결 의 표 시

1. 피고는 원고에게 금 23,000,000원 및 이에 대하여 ○○○○. ○○. ○○.부터 ○○○○. ○○. ○○.까지는 연 5%의, 그 다음날부터 다 갚는 날까지는 연 12%의 각 비율에 의한 돈을 지급하라.

2. 소송비용은 피고의 부담으로 한다.

3. 위 제1항은 가집행 할 수 있다.

(원고는 위 판결의 정본을 ○○○○. ○○. ○○.그 송달을 받았습니다)

항 소 취 지

1. 원심판결을 취소한다.

2. 원고의 청구를 모두 기각한다.

3. 소송비용은 제1, 2심 모두 원고의 부담으로 한다.

라는 판결을 구합니다.

소송행위 추완에 관한 주장

1. 피고가 본 사건 원심의 판결이 선고된 날을 알게 된 날은 ○○○○. ○○. ○○. 입니다.

2. 추완사유와 관련하여

   가, 공시송달에 의한 판결 확정

   1) 원심판결은 ○○○○. ○○. ○○.에 공시송달의 방법에 의하여 ○○○○. ○○. ○○.에 항소인(피고)에게 송달된 것으로서 송달의 효력이 발생되어 ○○○○. ○○. ○○. 최종적으로 확정되었습니다.

   2) 그런데 원심법원은 원고의 공시송달신청에 의하여 공시송달을 하여 ○○○○. ○○. ○○.에 피고에게 소장 부본 및 변기일통지서 또는 판결정본 모두 공시송달에 의하여 진행되었습니다.

   3) 피고는 공시송달의 방법에 의하여 송달된 사실을 자체를 전혀 모르고 있었는데 원고가 피고 소유의 유체동산에 압류를 하는 바람에 알게 되어 ○○○○. ○○. ○○.직접 원심법원을 찾아가 소송기록을 열람해 보고 비로소 알게 되었습니다.

   4) 그렇다면 피고는 위와 같은 피고가 책임질 수 없는 사유로 항소기간을 준수할 수 없었던 것이므로 피고의 이 사건 추완항소는 적법하다고 할 것입니다.

항 소 이 유

1 피고는 개인 사업을 위하여 ○○○○. ○○. ○○. 소외 주식회사 농협은행으로부터 20,000,000원을 대출받았습니다.

2 소외 농협은행이나 위 대출금에 대한 양수자인 원고는 위 대출시점 이후 10년

이 훨씬 지나도록 법적으로 유효한 시효중단조치를 취하지 않았으므로 위 대출금채권은 이미 소멸시효가 완성된 채권으로서 피고는 더 이상 채무를 변제할 의무가 없어졌습니다.

3 원고는 소외 농협은행이 피고에 대해 보유하고 있던 위 대출금채권을 양수하여 피고도 전혀 모르는 사이에 피고에게 지급명령을 신청하였으나 지급명령이 송달되지 않자 소제기신청을 하였던 것인데 공시송달을 신청하였고 법원이 공시송달에 의한 판결이 확정되었다는 사실을 확인하고 피고는 충격에서 벗어나지 못하고 있습니다.

4 한편 원고는 피고가 위 대출금채권에 대하여 ○○○○. ○○. ○○.까지 총 18,000,000원을 변제한 상태에서 사업이 어려워 ○○○○. ○○. ○○.부터 약 2,000,000원을 변제하지 못했던 것인데 무려 23,000,000원의 지급을 청구하였고 확정판결은 공시송달로 확정되었습니다.

5 또한 이미 소멸시효가 완성된 자산을 양수받은 원고 역시 피고에게 이를 청구할 권리가 없으므로 이를 기각한다는 판결을 구하고자 이 사건 추완항소에 이르게 된 것입니다.

소 명 자 료 및 첨 부 서 류

1.항소장부본2통

1.납부서(인지대 및 송달료)2통

○○○○ 년 ○○ 월 ○○ 일

위 피고(항소인) : ○○○(인)

수원지방법원 항소부 귀중

항 소 이 유 서

사 건 번 호:○○○○나○○○○호 손해배상(기)

원고:○○○

피고:○○○

○○○○ 년 ○○ 월 ○○ 일

위 피고(항소인) : ○○○(인)

대구지방법원 제○민사부 귀중

항 소 이 유 서

1. 원고(항 소 인)

성 명	○ ○ ○	주민등록번호	생략
주 소	대구시 ○○구 ○○로 ○○, ○○○-○○○○호		
직 업	상업	사무실 주 소	생략
전 화	(휴대폰) 010 - 5567 - 0000		
사건번호	이 사건 항소인 겸 원고입니다.		

2. 피고(피항소인)

성 명	○ ○ ○	주민등록번호	생략
주 소	대구시 ○○구 ○○로길 ○○, ○○○호		
직 업	상업	사무실 주 소	생략
전 화	(휴대폰) 010 - 4454 - 0000		
기타사항	이 사건 피항소인 겸 피고입니다.		

위 사건에 대하여 원고(항소인)은 다음과 같이 항소이유서를 제출합니다.

- 다 음 -

1. 제1심 판결의 요지

○ 1심 판결은 2쪽"이어진 다. 항, 라. 항 이하 사. 항에 대한 질문에서도 정확한 것은 신체감정을 통하여 판단할 문제다. 라는 요지로 우선 기재한 후 말미에 신체감정을 통하여 정확히 평가하기 바란다는 요지로 보고하고 있는 사실이 인정되므로"라고 하였으며 3쪽은"원고의 손목 통증이 원래 고유의 것일 뿐이다. 라고 최종적 단정을 한 것이 아니므로, 이와 다른 전제에 선 원고 주장 역시 이유 없다."고 판시하였습니다.

2. 불복이유

가, 위 제1심 판결은 2쪽"이어진 다. 항, 라. 항 이하 사. 항에 대한 질문에서도 신체감정을 통하여 정확히 평가하기 바란다는 요지로 보고하고 있는 사실이 인정되므로"라고 하였습니다.

나, 그러나 원고는 ○○○○. ○○. ○○. 피고에게 진료기록감정등촉탁을 신청하였으나(갑 제7호의 2, 3호 참조) 피고는 ○○○병원에서' 정상'이라고 하는 ○○ 연골을 잘라내 버린 부분과 ○○○대 (갑 제7호의1, 4호) ○○○대병원에서"앓은 사실이 없다"고 하는 ○○○막까지(절제) 또 잘라내 버린 후 ○○○○. ○○. ○○. ○○○대병원(갑 제7호의 4호) ○○○통증증후군(CRPS)이 나왔으며 이후 ○○○○. ○○. ○○. ○○○대병원,(갑 제7호의 5, 6호) ○○○병원 검사 결과"왼손 안의 외상 흉터가 장애를(CRPS)일으키다"와 출혈이 나온 부분을 언급하지 않았습니다.

다, 핵심은 원고는 ○○○○. ○○. ○○. ○○○가 손의 복합부위통증증후군(CRPS)을 중증(갑 제7호의 11,14호)으로 인정한 기득권이 있음에도 불구하고 피고는"복합부위통증증후군이 아니다."라고 허위의 감정을 하였습니다. 아울러"신체감정을 받아보아야 한다(갑 제5호7쪽)."라고 하였으나 원고는 진료기록감정등촉탁신청으로 진료기록과(갑 제6호) 신체감정을 동시에 신청하였으므로 신체감정을 따로 할 필요가 없었으므로 위의 자료가 아닌 민법 제1조는 "민사에 관하여 법률에 규정이 없으면 관습법에 의하고 관습법이 없으면 조리에 의한다."라고 관습법을 규율하고 있음에도 불구하고 판결에 적용하지 않아 불문법에 위배되기 때문에 감정비용 ○○○만 원에 대한 손해배상 청구에 이르게 된 것입니다.

라, 민법 제750조

○ 민법 제750조는 고의 또는 과실로 인한 위법행위로 타인에게 손해를 가한 자는 그 손해배상을 하도록 규정하고 있습니다. 아울러 민법 제1조는"법률에 규정이 없으면 관습법에 의하고"라고 규율하고 있고, 관례인 관습법도 "적법절차의 법은 불문법을 포함한다."라고 심판의 기준이 되고 있으나 적용하지 아니하여 중대한 법령위반으로써 위헌입니다.

○ 따라서 피고는"복합부위통증증후군이 아니다."라고 허위의 감정을 하였으므로 원고의 예비적 청구에 대한 배상을 해야 할 책임이 있습니다. 피고가 민법 제750조의 책임을 면하기 위해서는 우리 대법원판례와 같이 입증과 신복을 한 경우에는 그러하지 않습니다.

○ 그러나 피고는 ○○○가 손의 복합부위통증증후군(CRPS)을 중증(갑 제7호의 11,14호)으로 인정한 기득권에 대하여 입증 자체를 하지 않아 자인하였으므로 판결에 인용되어야 타당함에도 1심판결문에 기재하지 않아 원심은 민사소송법 제208조 2항을 위반하였습니다.

마, 판례

○ 감정을 고의로 객관적 사실과 다르게 하는 경우 뿐 아니라, 감정인 본인의 전문적 능력으로 실질적인 감정을 하지 아니하여 성립한다.(1999. 12. 22. 선고 99가소760882 판결)

○ 헌법 제27조 ① 모든 국민은 헌법과 법률이 정한 법관에 의하여 법률에 의한 재판을 받을 권리를 가진다.

(가) 관련법리, 관련판례

◎ 민사소송법 제140조(법원의 석명처분) ①법원은 소송관계를 분명하게 하기 위하여 다음 각호의 처분을 할 수 있다. 5. 필요한 조사를 촉탁하는 일 민사소송법 제294조(조사의 촉탁) 법원은 공공기관·학교, 그 밖의 단체·개인 또는 외국의 공공기관에게 그 업무에 속하는 사항에 관하여 필요한 조사 또는 보관중인 문서의 등본·사본의 송부를 촉탁할 수 있다.

◎ 민사소송법 제151조(소송절차에 관한 이의권) 당사자는 소송절차에 관한 규정에 어긋난 것임을 알거나, 알 수 있었을 경우에 바로 이의를 제기하지 아니하면 그 권리를 잃는다. 다만, 그 권리가 포기할 수 없는 것인 때에는 그러하지 아니하다.

◎ 민사소송법 제290조(증거신청의 채택여부) 법원은 당사자가 신청한 증거를 필요하지 아니하다고 인정한 때에는 조사하지 아니할 수 있다. 다만, 그것이 당사자가 주장하는 사실에 대한 유일한 증거인 때에는 그러하지 아니하다.

(나) 대법원 판례

증거조사는 민사소송법이 정하는 절차에 따라 하여야 함은 물론 그 결과를 당사자. 참가인 또는 이해관계인에게 송달하고 상당한 기일을 정하여 이에 대한 의견서제출의 기회를 주어야 한다.(대법원 1985. 3. 12. 선고 84후61 판결)

민법 제1조(법원) 민사에 관하여 법률에 규정이 없으면 관습법에 의하고 관습법이 없으면 조리에 의한다.

민법 제751조(재산 이외의 손해의 배상) ①타인의 신체, 자유 또는 명예를 해하거나 기타 정신상고통을 가한 자는 재산 이외의 손해에 대하여도 배상할 책임이 있다.

민법 제103조(반사회질서의 법률행위) 선량한 풍속 기타 사회질서에 위반한 사항을 내용으로 하는 법률행위는 무효로 한다.

민법 제137조(법률행위의 일부무효) 법률행위의 일부분이 무효인 때에는 그 전부를 무효로 한다.

바, 증거조사

○ 법리나 판례와 같이 적법절차에 따라 증거조사를 해야 함에도 불구하고 원고의 유일한 증거조사인 국가가 CRPS를 중증(갑 제7호의14호)으로 인정한 부분에 대한 사실조회를 민소법 제294조에 따라 신청하였으나 채택하지 아니하여 원고는 민소법 제151조에 따라 바로 그 다음 날 이의제기를 하였으나 원심은 증거조사이의신청과 변론재개신청에 대한 결정을 하지 아니하고 전화로 내일 판결(갑 제3호) 선고를 한다고 하였으므로 민사소송법 제140조 1항 5호에 위배됩니다.

○ 판례

이 적법절차의 원칙은 법률의 위헌여부에 관한 심사기준으로서 그 적용대상을 형사소송절차에 국한하지 않고 모든 국가작용 특히 입법 작용 전반에 대하여 문제된 법률의 실체적 내용이 합리성과 정당성을 갖추고 있는지 여부를 판단하는 기준으로 적용되고 있음을 보여주고 있다.(헌법재판소 1989.9.8. 선고, 88헌가6 결정 1990.11.19. 선고, 90헌가48 결정 등 참조)

○ ○○○은 ○○○○. ○○. ○○. 변론기일에서 감정인이 원고가진료를 한 사실이 없어 증거조사를 할 필요가(갑 제4호) 없다고 하였으나 원고는"감정인이 진료를 한 것이 아니라 감정을 하였으나 사실과 반대로 한 것이다. 라고 변론을 하였음에도 증거조사를 불채택 하고 기각을 하여 원고는 공정한 재판을 받을 권리를 침해받게 되었으므로 헌법 제27조에 위배되어 명백한 위헌입니다.

○ 원고는 아래 민사소송규칙 제69조의2 당사자의 조사의무의 규정을 준수하였습니다.

민사소송규칙 제69조의2(당사자의 조사의무)당사자는 주장과 입증을 충실히 할 수 있도록 사전에 사실관계와 증거를 상세히 조사하여야 한다.

민사소송법 제140조(법원의 석명처분) ①법원은 소송관계를 분명하게 하기 위하여 다음 각 호의 처분을 할 수 있다.

5. 필요한 조사를 촉탁하는 일

3. 결론

위와 같이 제1심 판결은 헌법·법률·규칙·대법원 판례에 위배되므로 원고의 청구를 인용하여 주시기 바랍니다.

소 명 자 료 및 첨 부 서 류

1. 갑 제○호증감정서

○○○○ 년 ○○ 월 ○○ 일

위 원고 : ○ ○ ○(인)

대구지방법원 제○민사부 귀중

(17)민사사건 항소장 - 원고가 청구한 소송의 전부에 대하여 패소하고 그 취소를 구
하는 항소장 최신서식

항 소 장

사건번호:○○○○가합○○○○호 건축주명의변경 등

원고(항 소 인):○○○

피고(피항소인):○○○

소송물 가액금	금	50,000,000	원
첨부할 인지액	금	345,000	원
첨부한 인지액	금	345,000	원
납부한 송달료	금	124,800	원
비 고			

대구 고등법원 귀중

항 소 장

1. 원고(항 소 인)

성 명	○ ○ ○	주민등록번호	생략
주 소	대구시 ○○구 ○○로 ○○, ○○○-○○○○호		
직 업	상업	사무실 주 소	생략
전 화	(휴대폰) 010 - 5567 - 0000		
기타사항	이 사건 항소인 겸 원고입니다.		

2. 피고(피항소인)

성 명	○ ○ ○	주민등록번호	생략
주 소	대구시 ○○구 ○○로길 ○○, ○○○호		
직 업	상업	사무실 주 소	생략
전 화	(휴대폰) 010 - 4454 - 0000		
기타사항	이 사건 피항소인 겸 피고입니다.		

위 당사자 간의 대구지방법원 ○○○○가합○○○○호 건축주명의변경 등 청구사건에 대하여 ○○○○. ○○. ○○.동원에서 선고한 제1심 판결에 관하여 원고는 전부 불복이므로 이에 항소를 제기합니다.

원 심 판 결 의 표 시

1. 원고의 청구를 모두 기각한다.

2.소송비용은 원고의 부담으로 한다.

(원고는 위 판결의 정본을 ○○○○. ○○. ○○.그 송달을 받았습니다)

항 소 취 지

1. 가, 주의적 청구취지

   피고는 별지 목록 기재 부동산이 원고의 소유임을 확인한다.

   나, 예비적 청구취지

   피고는 원고에게 별지 목록 기재 부동산에 대하여 이 사건 청구취지 및 청구원인 변경신청서 송달일자 대물변제 예약완결을 원인으로 한 소유권이전등기절차를 이행하라.

2. 소송비용은 1. 2심 모두 피고의 부담으로 한다.

   라는 판결을 구합니다.

항 소 이 유

추후 제출하겠습니다.

소 명 자 료 및 첨 부 서 류

1.항소장부본2통

1.납부서(인지대 및 송달료)2통

○○○○ 년 ○○ 월 ○○ 일

위 원고(항소인) : ○○○(인)

대구 고등법원 귀중

부 동 산 목 록

대구광역시 ○○구 ○○로길 ○○,

위 지상

철근콘크리트 스라브즙 3층 건물

지층 ○○.○○㎡

1층 ○○○. ○○㎡

2층 ○○○. ○○.○○㎡

3층 ○○.○○㎡

옥탑 ○○.○○㎡

-이상-

(18)민사사건 부대항소장 - 손해배상(의)청구 원고에게 과실이율 높게 인정되어 제기하는 부대항소

부 대 항 소 장

사건번호:○○○○나○○○○호손해배상(의)

부 대 항 소 인:○○○외2

부 대 피항소인:○○○

손해배상(의)청구의 부대항소

소송물 가액금	금	30,000,000 원
첨부할 인지액	금	210,000 원
첨부한 인지액	금	210,000 원
납부한 송달료	금	124,800 원
비 고		

춘천지방법원 제○민사부 귀중

부 대 항 소 장

1.부대항소인(피항소인 겸 원고)1

성 명	○ ○ ○	주민등록번호	생략
주 소	강원도 춘천시 ○○로 ○○길 ○○, ○○○호		
직 업	생략	사무실 주 소	생략
전 화	(휴대폰) 010 - 2389 - 0000		
기타사항	이 사건 피항고인 겸 원고1 입니다.		

부대항소인(피항소인 겸 원고)2

성 명	○ ○ ○	주민등록번호	생략
주 소	강원도 춘천시 ○○로 ○○길 ○○, ○○○호		
직 업	생략	사무실 주 소	생략
전 화	(휴대폰) 010 - 9876 - 0000		
기타사항	이 사건 피항고인 겸 원고2 입니다.		

부대항소인(피항소인 겸 원고)3

성 명	○ ○ ○	주민등록번호	생략
주 소	강원도 춘천시 ○○로 ○○길 ○○, ○○○호		
직 업	생략	사무실 주 소	생략
전 화	(휴대폰) 010 - 6651 - 0000		
기타사항	이 사건 피항고인 겸 원고3 입니다.		

2. 부대피항소인(항소인 겸 피고)

성 명	○ ○ ○
주 소	강원도 춘천시 ○○로 ○○○, ○○○호
대 표 자	이사장 ○○○
전 화	(휴대폰) 010 - 4454 - 0000
기타사항	이 사건 피고 겸 피부대항소인입니다.

위 당사자 사이 귀원 ○○○○나○○○○호 손해배상(의)청구사건에 대하여 피항소인(부대항소인)은 항소에 부대하여 위 항소사건의 제1심 춘천지방법원 ○○○○가단○○○○호 손해배상(의)청구사건에 관하여 ○○○○. ○○. ○○.선고된 판결 중 부대항소인 패소부분에 대해 일부 불복이므로 이에 부대항소를 제기합니다.

부 대 항 소 취 지

1. 원판결 중 다음에서 지급을 청구하는 부분에 해당하는 부대항소인(원고)의 패소부분을 취소한다.

   부대피항소인(피고)는 부대항소인1(원고)에게 금 ○○,○○○,○○○원, 같은 부대항소인2(원고)에게 금 ○○,○○○,○○○원, 부대항소인3(원고)에게 금 ○○,○○○,○○○원, ○○○, ○○○에게 각 금 ○,○○○,○○○원 및 위 각 금액에 대하여 ○○○○. ○○. ○○.부터 ○○○○. ○○. ○○.까지는 연 5%의 그 다음날부터 다 갚는 날까지는 연 12%의 각 비율에 의한 금원을 더 지급하라.

2. 소송비용은 1.2심 모두 부대피항소인(피고)가 부담한다.

3.위 제1항은 가집행할 수 있다.

라는 판결을 구합니다.

부 대 항 소 이 유

1. 과실상계의 과중

　가, 원심판결의 요지

　　○ 원심판결은 부대피항소인(다음부터는 항소인 겸 피고 이하 ' 피고'라고만 줄여 쓰겠습니다)의 본건 손해배상책임을 인정하면서도 ○○○은 ○○출혈의 발병 이후 제1차병원을 거쳐 일주일 정도 경과한 시점에 피고의 병원에 내원하였던 점 또한 ○○○은 ○○출혈위험군은 아니었고, 위 질병의 특징상 초기 증상이 비 특이적인 반면 진행경과는 다양하고 특히 ○○○의 경우 단기간에 급속히 악화되어 가사 초기에 적절한 응급치료를 받았다 하더라도 완치되었으리라는 보장은 없음 점 등의 사정이 인정되는데, 이러한 사정들은 피고 병원의 책임을 면하게 할 정도에 이르지는 아니하나 손해의 공평 타당한 분담을 그 지도 원리로 하는 손해배상제도의 이상에 비추어 피고의 책임을 산정하는데 참작하기로 하는바, ○○○의 출혈 발명시기 및 지료의 경위, 위 질병의 진행경과 및 치사율 등 제반 사정을 참작하여 피고 병원의 책임율을 60%로 제한하기로 한다. 라고 판시하면서 위 ○○○의 과실을 40%를 인정하여 피고는 부대항소인(피항소인 겸 원고 이하 다음부터는'원고'라고 하겠습니다)에게 그에 따른 배상금액을 지급하라고 하였습니다.

　나, 그러나 원심이 위 ○○○에 대한 과실상계를 40%로 인정하는 것은 과실사유로 인정되는 사실에 비해 자니치게 과다하다고 나아니할 수 없는 것입니다.

1) 즉 원심에서 과실상계의 사유로 인정한 사실은 ○○○가 출혈의 발병이후 제1차병원을 거쳐 일주일 정도 경과한 시점에 피고 병원에 내원하였던 점,

2) ○○○은 출혈의 고위험군이 아니었던 점,

3) 위 질병의 특징상 초기 증상이 비 특이적인 반면 진행경과는 매우 다양하고 특히 ○○○의 경우 단가간에 급속히 악화되어 가사 초기에 적절한 응급치료를 받았다 하더라도 완치되었으리라는 보장은 없는 점 등이 그것입니다.

○ 그런데 위 (2) 및 (3)의 사유는 위 ○○○의 과실과는 전혀 무관하다고 사료되는바, (2)의 사유를 보면 ○○○이 출혈의 고위험군에 속하냐 아니냐의 여부와 ○○○가 피고의 과실로 인하여 사망한 것에 대해 ○○○의 과실이 존재하느냐의 여부와는 전혀 무관하다고 보여 지기 때문이고, (3)의 사유도출혈의 특성이 그렇다는 것이고, 또 그 질병이 위 ○○○에세 급속히 악화되어 가사 초기에 적절한 치료를 받았더라도 완치가 되는지 되지 않는지는 여부도 위 ○○○가 지배할 수 있는 영역 밖의 일이므로 이를 주도 과실상계의 사유로 삼는다는 것 자체가 의문이 됩니다.

○ 다만 위 (1)의 사유는 위 ○○○가 출혈 발병이후 1주일이 지나서 피고의 병원에 내원하였고 그랬기 때문에 초기에 절절한 치료를 받지 못하여 사태가 악화되었으므로 이를 ○○○의 과실로 보겠다는 것인데 설령 발병이후 1주일이 지나서 피고병원에 내원하였다고 하더라도 위 ○○○로서는 당시 앓고 있는 병명이 출혈인지 여부에 대해 알 수도 없었을 뿐만 아니라 위 ○○○은 당시 앓고 있던 증세가 호전되지 않아서 진료받고 치료를 받기 위해서 피고 병원에 내원한 것이지 그 자체에 큰 과실이 있다고 볼 수도 없을 것임에도 불구하고 단지 손해의 공편한 분담이라는 취지만을 내세워 원심이 위와 같은 사유만으로 위 ○○○의 과실을 40%나 인정한 것은 지나치게 과중한 것입니다.

다, 소결론

○ 따라서 원심이 인정한 과실상계의 사유를 참작하더라도 위 망 ○○○의 과실은 10%정도로 산정됨이 옳다고 사료되므로 원심에서 위 ○○○의 과실

을 10%를 초과하여 인정한 범위에 대해서는 부당하다고 사료되어 이 사건 부대항소에 이른 것입니다.

2. 결론

부대항소이유서 기재내용과 같으므로 원고의 본 건 부대항소는 인용되어야 할 것입니다.

소 명 자 료 및 첨 부 서 류

1. 갑 제○호증서약서

○○○○ 년 ○○ 월 ○○ 일

위 원고 : ○ ○ ○(인)

춘천지방법원 제○민사부 귀중

(19)추완항소장 - 카드사의 신용카드이용대금 소멸시효 완성채권 공시송달로 판결확
정되어 제기하는 추완항소

추 완 항 소 장

사건번호:○○○○가소○○○○호 신용카드이용대금

원고(피항소인):○ ○ 카 드주 식 회 사

피고(항 소 인):○○○

소송물 가액금	금	5,609,449 원
첨부할 인지액	금	42,200 원
첨부한 인지액	금	42,200 원
납부한 송달료	금	124,800 원
비 고		

울산지방법원 양산시법원 귀중

추 완 항 소 장

1. 원고(피항소인)

성 명	○ ○ ○	법인등록번호	생략
주 소	서울시 ○○구 ○○○로 ○○○,		
대 표 자	대표이사○○○		
전 화	(사무실) ○○○○-○○○○		
기타사항	이 사건 피항소인 겸 원고입니다.		

2. 피고(항 소 인)

성 명	○ ○ ○	주민등록번호	생략
주 소	경상남도 양산시 ○○로길 ○○, ○○○-○○○호		
직 업	무직	사무실 주 소	생략
전 화	(휴대폰) 010 - 7654 - 0000		
기타사항	이 사건 항소인 겸 피고입니다.		

3. 신용카드이용대금 청구사건의 추완항소

위 당사자 간의 울산지방법원 양산시법원 ○○○○가소○○○○호 신용카드이용대금 청구사건에 대하여 ○○○○. ○○. ○○.판결을 선고 하였는바 항소인은 위 판결에 전부불복하고 다음과 같이 추완항소를 제기합니다.

원 심 판 결 의 표 시

1. 피고는 원고에게 12,455,858원과 그 중 5,609,449원에 대하여 ○○○○. ○○. ○○.부터 갚는 날까지 연 ○○%의 비율로 계산한 돈을 지급하라.

2. 소송비용은 피고가 부담한다.

3. 위 제1항은 가집행 할 수 있다.

(원고는 위 판결의 정본을 ○○○○. ○○. ○○.그 송달을 받았습니다)

항 소 취 지

1. 원심판결을 취소한다.

2. 원고의 청구를 모두 기각한다.

3. 소송비용은 제1, 2심 모두 원고의 부담으로 한다.

라는 판결을 구합니다.

소송행위 추완에 관한 주장

1. 원심판결은 ○○○○. ○○. ○○.에 공시송달의 방법에 의하여 ○○○○. ○○. ○○.에 소장의 부본 및 소송안내서, ○○○○. ○○. ○○.에 변론기일통지서가 항소인(피고)에게 송달된 것으로서 송달의 효력이 발생되어 ○○○○. ○○. ○○.에 변론종결 후 판결이 선고되었고, 판결정본은 ○○○○. ○○. ○○.공시송달에 의하여 형식상 확정되었습니다.

2. 그런데 원심법원은 원고의 공시송달신청에 의하여 공시송달을 하여 ○○○○. ○○. ○○.에 피고에게 송달된 것으로서 송달의 효력이 발생되어 ○○○○. ○○. ○○.에 형식상 확정된 것입니다.

3. 그러나 피고는 공시송달의 방법에 의하여 송달된 사실의 자체를 전혀 모르고 있었는데 추심관련업체의 연락을 받고 ○○○○. ○○. ○○.직접 원심법원을 찾아가 소송기록을 열람해 보고 비로소 알게 되었습니다.

4. 그렇다면 피고는 위와 같은 피고가 책임질 수 없는 사유로 항소기간을 준수할 수 없었던 것이므로 피고의 이 사건 추완항소는 적법하다고 할 것입니다.

항 소 이 유

1) 원고는 피고가 ○○○○. ○○. ○○.이 사건 카드이용대금이 연체되어 상법 제64조에 의하여 5년간 이를 행사하지 아니하여 이미 소멸시효가 완성된 채권임에도 불구하고 10년이 훨씬 지난 ○○○○. ○○. ○○.에 이 사건 신용카드이용대금을 청구한 것입니다.

2) 원고가 일방적으로 주장하는 청구원인에 의하면 피고가 원고에게 지급하여야 할 카드이용대금 금 12,455,858원 중에서 금 ○,○○○,○○○원은 지급하였으나 금 5,609,449원을 변제하지 않아 청구하는 것이라는 주장을 하고 있습니다.

3) 피고는 원고의 이 사건 신용카드이용대금은 하도 오래되어 기억이 나지 않지만 분명한 것은 원고에 대한 신용카드이용대금은 모두 변제하였으므로 하나도 채무가 없습니다.

설사 피고가 이 사건 신용카드이용대금 금 5,609,449원을 변제하지 않았다 하더라도 피고가 원고에 대한 신용카드이용대금은 ○○○○. ○○. ○○.무렵에 연체된 것이므로 피고가 신용카드이용대금을 연체한 날부터 기산하더라도 ○○ 년이 지났기 때문에 소멸시효가 완성되어 청구권이 소멸되었습니다.

4) 이는'상법 제64조(상사시효) 상행위로 인한 채권은 본법에 다른 규정이 없는 때에는 5년간 행사하지 아니하면 소멸시효가 완성한다.'에서 정한 법률에 의거, 피고를 대상으로 청구취지의 금원을 더 이상 청구할 수 없음에도 불구하고 피고에게 청구한 것입니다.

5) 또한 이미 소멸시효가 완성된 이 사건 신용카드이용대금은 피고에게 이를 청구할 권리가 없으므로 이를 기각한다는 판결을 구하고자 이 사건 추완항소에 이르게 된 것입니다.

소 명 자 료 및 첨 부 서 류

1.항소장부본2통

1.납부서

○○○○ 년 ○○ 월 ○○ 일

위 피고(항소인) : ○○○(인)

울산지방법원 양산시법원 귀중

(20)민사항소 항소장 - 손해배상(기) 청구의 소 피고가 전부 패소하고 불복으로 항소를 제기하고 원고청구의 가각을 구하는 항소장

항 소 장

사건번호:○○○○가단○○○○호 손해배상(기) 청구의 소

원고(항 소 인):○○○

피고(피항소인):○○○

소송물 가액금	금	50,000,000	원
첨부할 인지액	금	345,000	원
첨부한 인지액	금	345,000	원
납부한 송달료	금	124,800	원
비 고			

대전지방법원 서산지원 귀중

항 소 장

1. 원고(항 소 인)

성 명	○ ○ ○	주민등록번호	생략
주 소	서산시 ○○로 ○○, ○○○-○○○○호		
직 업	상업	사무실 주 소	생략
전 화	(휴대폰) 010 - 5567 - 0000		
기타사항	이 사건 항소인 겸 원고입니다.		

2. 피고(피항소인)

성 명	○ ○ ○	주민등록번호	생략
주 소	서산시 ○○로길 ○○, ○○○호		
직 업	상업	사무실 주 소	생략
전 화	(휴대폰) 010 - 4454 - 0000		
기타사항	이 사건 피항소인 겸 피고입니다.		

위 당사자 간의 대전지방법원 서산지원 ○○○○가단○○○○호 손해배상(기) 청구 사건에 대하여 ○○○○. ○○. ○○.동원에서 선고한 제1심 판결에 관하여 피고는 전부 불복이므로 이에 항소를 제기합니다.

원 심 판 결 의 표 시

1. 피고는 원고에게 금 50,000,000원 및 이에 대한 ○○○○. ○○. ○○.부터 완제일까지 년 12%의 비율에 의한 금원을 지급하라

2. 소송비용은 피고의 부담으로 한다.

3. 제1항은 가집행할 수 있다.

(피고는 위 판결의 정본을 ○○○○. ○○. ○○.그 송달을 받았습니다)

항 소 취 지

1. 원판결을 취소한다.

2. 원고의 청구를 기각한다.

3. 소송비용은 1.2심 모두 원고의 부담으로 한다.

라는 판결을 구합니다.

항 소 이 유

추후 제출하겠습니다.

소명자료 및 첨부서류

1.항소장부본2통

1.납부서(인지대 및 송달료)2통

○○○○ 년 ○○ 월 ○○ 일

위 피고(항소인) : ○○○(인)

대전지방법원 서산지원 귀중

(21)이혼 등 청구의 소 항소장 - 피고가 패소한 후 위자료 등 패소부분의 취소를 구하는 항소장

항 소 장

사건번호:○○○○드단○○○○호 이혼 등 청구

원고(항 소 인):○○○

피고(피항소인):○○○

소송물 가액금	금	50,000,000 원
첨부할 인지액	금	345,000 원
첨부한 인지액	금	345,000 원
납부한 송달료	금	124,800 원
비 고		

○○가정법원 귀중

항 소 장

1.원고(항 소 인)

성 명	○ ○ ○		주민등록번호	생략
주 소	○○시 ○○로 ○○, ○○○-○○○○호			
직 업	상업	사무실 주 소	생략	
전 화	(휴대폰) 010 - 5567 - 0000			
기타사항	이 사건 항소인 겸 원고입니다.			

2.피고(피항소인)

성 명	○ ○ ○		주민등록번호	생략
주 소	○○시 ○○로길 ○○, ○○○호			
직 업	상업	사무실 주 소	생략	
전 화	(휴대폰) 010 - 4454 - 0000			
기타사항	이 사건 피항소인 겸 피고입니다.			

위 당사자 간 ○○가정법원 ○○○○드단○○○○호 이혼 등 청구사건에 관하여 ○○○○. ○○. ○○. 선고한 판결에 대하여 전부 불복이므로 항소를 제기합니다.

원 심 판 결 의 표 시

1. 원고와 피고는 이혼한다.

2. 피고는 원고에게 위자료로 금 5,000만원을 지급하라.

3. 소송비용은 피고의 부담으로 한다.

4. 위 제2항은 가집행할 수 있다.

(피고는 위 판결의 정본을 ○○○○. ○○. ○○.그 송달을 받았습니다)

항 소 취 지

1. 원판결 중 피고가 원고에게 금 5,000만원의 지급을 명한 부분은 이를 취소한다.

2. 소송비용은 1.2심 모두 원고의 부담으로 한다.

라는 판결을 구합니다.

항 소 이 유

1. 항소인(앞으로는"피고"라고만 하겠습니다) 피항소인(이하"원고"라고만 하겠습니다.)은 ○○○○. ○○. ○○.혼인신고한 법률상 부부로서 슬하에 1남 1녀를 둔 사실은 인정합니다.

2. 피고는 원고의 결혼 초부터 계속되는 습관적인 구타로 인해 원고의 구타를 피하여 자녀들을 데리고 친정에서 지내던 중, 생계를 위하여 자녀들을 친정에 맡긴 후 피고 혼자 서울에 올라와 취직을 하였습니다.

3. 그 동안 원고로부터는 전혀 연락이 없었고 피고가 원고에게 전화를 해 보아도 연결이 되지 않았습니다.

4. 그 후 2년 뒤인 ○○○○. ○○. ○○.경 피고가 큰아이의 초등학교 입학문제로 주민등록등본을 떼어보니 피고가 원고의 처가 아닌 동거인으로 기재되어 있고 1년 전에 다른 여자가 원고의 처로 주민등록등본에 기재되어 있었습니다.

5. 피고가 너무 놀라 다시 가족관계증명서를 떼어보니 1년 전에 원고가 피고 모르게 이혼판결을 받아 이혼신고를 하였고, 이혼신고한 지 한 달 만에 위 여자와 혼인신고를 하였습니다.

6. 이상과 같이 원고는 오히려 피고에게 구타를 하는 등 부당한 대우를 하여 내쫓아 악의 유기한 유책배우자이므로 원심 판결은 마땅히 기각되어야 할 것입니다.

소 명 자 료 및 첨 부 서 류

1.항소장부본2통

1.납부서(인지대 및 송달료)2통

○○○○ 년 ○○ 월 ○○ 일

위 피고(항소인) : ○○○(인)

○○가정법원 귀중

■ 편 저 대한법률콘텐츠연구회 ■

(연구회 발행도서)

· 청구취지 원인변경 소의 변경 보충·정정 작성방법
· 청구이의의 소 강제집행정지 제3자이의의 소
· 음주운전 공무집행방해 의견서 작성방법
· 불기소처분 고등법원 재정신청서 작성방법
· 형사사건항소 항소이유서 작성방법
· 불법행위 손해배상 위자료 청구
· 경찰서 진술서 작성방법

초보자도 쉽게 할 수 있는 민사소송 항소 절차 실무지침서
민사소송 항소방법 원판결 취소·변경

2025년 03월 20일 인쇄
2025년 03월 25일 발행

편 저 대한법률콘텐츠연구회
발행인 김현호
발행처 법문북스
공급처 법률미디어

주소 서울 구로구 경인로 54길4(구로동 636-62)
전화 02)2636-2911~2, 팩스 02)2636-3012
홈페이지 www.lawb.co.kr

등록일자 1979년 8월 27일
등록번호 제5-22호

ISBN 979-11-93350-92-8 (13360)

정가 28,000원